弱品牌

强品牌

BRAND

数字时代 ..l

>>> 增长知与行

王幸 谭北平 著

人民邮电出版社

北 京

图书在版编目（CIP）数据

弱品牌，强品牌 : 数字时代增长知与行 / 王幸，谭北平著. -- 北京 : 人民邮电出版社，2022.1（2024.4重印）
ISBN 978-7-115-57766-5

Ⅰ. ①弱… Ⅱ. ①王… ②谭… Ⅲ. ①品牌－企业管理 Ⅳ. ①F273.2

中国版本图书馆CIP数据核字（2021）第220762号

◆ 著　　　　王　幸　谭北平
　　责任编辑　赵　轩
　　责任印制　陈　犇
◆ 人民邮电出版社出版发行　　北京市丰台区成寿寺路 11 号
　　邮编　100164　　电子邮件　315@ptpress.com.cn
　　网址　https://www.ptpress.com.cn
　　北京九州迅驰传媒文化有限公司印刷
◆ 开本：720×960　1/16
　　印张：12.5　　　　　　　　　　2022 年 1 月第 1 版
　　字数：238 千字　　　　　　　　2024 年 4 月北京第 4 次印刷

定价：59.90 元

读者服务热线：（010）81055410　印装质量热线：（010）81055316
反盗版热线：（010）81055315
广告经营许可证：京东市监广登字 20170147 号

前言：品牌战略与新技术实践 ｜ PREFACE

见证中国品牌成长，指明品牌发展方向

2005 年，WPP 集团和旗下研究机构 Millward Brown 启动全球最强品牌调研，并于同年发布首份 "BrandZ™ 最具价值全球品牌 100 强" 排行榜。从 2006 年到 2020 年，在 "BrandZ™ 最具价值全球品牌 100 强" 排行榜中，中国从仅有 1 个上榜品牌到有 17 个上榜品牌，上榜品牌数量超过欧洲，成为仅次于美国的拥有第二多百强品牌的国家。这些数据来自于 BrandZ™ 最具价值全球品牌的系列研究。

2010 年，WPP 将研究视角转向日益崛起的中国品牌。任职于 Millward Brown 的王幸与谭北平在北京共同发布 "BrandZ™ 最具价值中国品牌 100 强" 排行榜。自此，BrandZ™ 最具价值品牌研究在中国落地生根，并茁壮成长。"BrandZ™ 最具价值中国品牌 100 强" 排行榜持续发布 11 年后，今天的 BrandZ™ 已成为受到全球用户认可的品牌价值评估平台。

在这 10 多年间，王幸和谭北平在品牌研究和实践的过程中，看到中国品牌不断崛起，甚至开始引领全球，更加坚信品牌对企业长期发展，甚至对国家经济的重要性。

为沉淀数字时代品牌发展与崛起的经验和教训，现任凯度集团大中华区 CEO 暨 BrandZ™ 全球主席王幸女士，与明略科技集团副总裁、秒针营销科学院院长谭北平先生，时隔多年再次合作，从数字时代品牌新战略和新技术实践的双重视角，重新审视经典品牌营销理论，并结合数字时代的新媒体环境和技术发展，辅以翔实的案例和丰富的数据，构建数字时代强品牌的方法论和打造路径。

本书旨在帮助企业管理者、营销专业人员在数字时代构建中国式强品牌，驱动企业发展。

中国品牌是走向世界的名片

如今，中国品牌已探索出适合自己的路径，其中，数字化是重要的策略，而且已经获得了一定的成效。中国品牌在庞大的中国市场打磨出了一套成功的数字营销方法论，这套方法论又在出海实践中得到验证。

《中国国家形象全球调查报告 2019》中提到，接受调查的海外消费者中有接近半数（46%）通过使用中国产品了解中国。中国品牌成为中国经济，甚至中国的国家名片。

中国品牌给中国形象注入了现代化的属性，不再仅限于传统的、古代文明的文化符号。在经济市场上，中国品牌所做的努力和探索取得了成功。随着更多中国品牌的出现和全球化，会有更多中国现代色彩的文化输出与价值观的输出，这种输出是更具全面、持久与引领性的。

"以人为本"和"技术赋能"塑造强品牌

回首 2010 年，BrandZ™ 最具价值品牌研究在中国落地之际，中国迎来移动互联网的时代。彼时，百度、阿里巴巴和腾讯分别掌握互联网的搜索、电商和社交应用入口，成为互联网"三巨头"。同年，微信、新浪微博、美团、爱奇艺也相继成立。

近 10 年，借助移动互联网和数据技术发展的强劲势头，中国的成熟品牌不断变革创新，纷纷进行数字化转型；新锐品牌凭借互联网原生基因大步迈进。如今的中国品牌在社交电商、O2O（Online to Offline，线上到线下）、工业互联网等领域已具备引领全球创新的能力。

到 2021 年，凯度集团 BrandZ™ 最具价值品牌研究已经走过 11 个年头。王幸作为 BrandZ™ 创始人之一，将其推广至全球 17 个国家和地区，并打造成受到全球认可的品牌价值评估平台。作为业界公认的品牌专家，王幸在过去 20 年间一直从事品牌研究和品牌策略咨询工作，对数字时代的品牌建设和管理有着深刻的见解，并在 2015 年至 2021 年间在 20 多个国家和地区发布凯度集团"BrandZ™ 最具价值全球品牌 100 强"排行榜，分享品牌发展经验及策略，为企业提供品牌策略支持。

与王幸共同启动 BrandZ™ 中国品牌研究项目的谭北平也一直致力于品牌研究和营销技术的融合探索。2014 年，谭北平在中国创立了北京数字新思科技有限公司（简称数字新思），研发了基于软硬件和云端计算的神经营销学产品情感云，该产品能够规模化测量消费者眼动、脑电、皮电等数据，并将其转变为对消费者注意、情感、深度认知过程的量化测量，帮助企业量化品牌和消费者之间的各类接触界面的效果。数字新思还率先研发了 SSP（Single Source Panel，同源数据）样本组，同源数据样本组连接消费者的广告曝光、内容曝光和各类互动行为，包括点击、搜索、购买等。同源数据样本组是复杂媒体时代分析营销投资效率的最重要工具之一。

数字新思在 2018 年并入秒针系统，谭北平担任秒针营销科学院院长。秒针系统是中国数字媒介监测与洞察的专业品牌，服务中国市场的大多数广告主。而秒针营销科学院更加聚焦在用科学的方式解决营销课题，包括数字时代消费者行为决策模式的变化、各类营销投资的测量与方法、宏观的营销增长方法论，品牌也是其中一个非常重要的课题。

世界经济高速数字化的 10 年中，世界品牌的格局也发生了巨大变化。在数字大潮下，BrandZ™ 见证了众多欧美强品牌的焕新，也看到部分曾红极一时的品牌走向衰弱，更看到新兴市场中一批本土品牌巨头的崛起。快速兴起的品牌和老牌全球强品牌已经在多市场中形成对称格局，部分品类和市场中快速崛起的品牌展现出更强劲的发展势头。

在最新的各级排行榜中，一些上榜品牌可能只有 10 多年，甚至不足 10 年的历史，但已能挑战甚至超越那些拥有数十年，甚至上百年历史的本土巨头和全球强品牌。在品牌格局变化的背后，技术的发展固然重要，但最关键的是品牌战略的调整和创新。

在凯度集团 BrandZ™ 工作的 16 年间，王幸通过对全球超过 17 万个品牌的追踪研究和价值评估，以及与众多全球性强品牌高层管理者的深度讨论，总结出强品牌战略的两大核心：以人为本和技术赋能。王幸认为技术赋能和以人为本的品牌将在未来 10 年甚至几十年中表现突出，更具备屹立世界品牌之林的能力。

王幸认为，在数字时代，技术和硬件的发展为品牌建设提供了新的土壤，但与此同时，品牌比任何时候都需要坚持以人为本。BrandZ™ 的数据也证实了以人为本对品牌发展的重要性。

- 真正有品牌理想的品牌，其品牌价值的中长期增速是普通品牌的 2.5 倍。
- 定位清晰且有意义的差异化品牌，具备强沟通力时，其品牌价值增速是普通品牌的 3 倍。
- 用户体验好的品牌，在过去 10 年间品牌价值的增速是普通品牌的 430%；而用户体验不好或低于消费者预期的品牌，其品牌价值的增速低于普通品牌，差距为 17%。

技术的发展以及消费者意识的进步使得品牌必须坚持以人为本，拥有清晰和可执行的品牌理想，且需要围绕品牌的自身定位和价值观与消费者进行持续的强沟通，并不断为消费者打造和优化全方位的体验。然而，技术发展驱动各个领域的数字化转型也为品牌带来了更多挑战。

凯文·凯利（Kevin Kelly）在《必然》一书中也表达了，在未来，科技迭代的速度将不断加快，甚至让人无法预期。谭北平从技术的角度重新审视了强品牌的打造和建设，在实践中也观察到了技术在品牌营销中的作用显著提升。

谭北平认为，从程序化广告、定向、追踪等广告技术到 DMP（Data Management Platform，数据管理平台）、CDP（Customer Data Platform，客户数据平台）等营销技术，技术已经渗透到了营销乃至企业运营的方方面面。与此同时，在数据技术的驱动下，所有的媒体都在加速自身的数字化转型，消费者的行为和习惯也在向数字化迁移，数据的积累和分析预测让品牌得以凭借技术手段与消费者更好地沟通并了解消费者。阿里巴巴、腾讯、美团等中国品牌在社交电商、O2O、数字支付等领域的实践和探索，也推动其品牌不断变强，跻身于世界强品牌之林。随着数字时代的深化，如何运用新的技术，用技术赋能品牌建设，也成了强品牌打造的必修课之一。

通过研究和实践，王幸与谭北平对数字时代的品牌建设有了更深刻的认知和洞察。2020 年，凯度集团 BrandZ™ 评选的最具价值的 100 个中国品牌总价值达到 9964 亿美元，同比上涨 12%。"2020 年 BrandZ™ 最具价值全球品牌 100 强"排行榜中，中国以创纪录的 17 个品牌上榜，成为上榜品牌数量第二多的国家，中国上榜品牌的合计价值增长了 16%，几乎是全球增速的 3 倍。

在中国品牌大步前进之际，两位业界专家再度聚首，进一步明确品牌及强品牌的重要性，期望以更富经验的眼光和更前沿的视角重新审视数字时代的品牌建设，总结数字时代强品牌建设的经验，探讨品牌建设的新认知、行动实践和强品牌打造的路径，解决大多数营销人员面临的困惑，帮助营销人员重新认识品牌战略、找到品牌落地与增长的行动方案。

目录 | CONTENTS

第一部分
数字时代品牌新认知

在本部分，我们将梳理品牌营销的传统理论，以及技术驱动下的新营销方法。这其中有一些认知，与以往存在巨大的冲突。

品牌对于企业是否仍然重要？

品牌只存在于消费者心智中？

建设品牌的最高目标是让消费者对品牌忠诚？

品牌就意味着高价，还是可以做高性价比品牌？

品牌增长的重点是 ROI（Return On Investment，投资回报率）？

强品牌是数字时代的核心增长战略

数字时代，技术和媒体环境的变化有目共睹，它们为品牌营销提供了新的"土壤"。与此同时，新环境也潜移默化地影响了消费者的行为习惯，这几乎让所有企业在品牌建设中都面临着巨大的挑战。让营销人员困惑的是，在新的营销环境下，品牌是否仍然重要？已有的品牌创立方法是否有效？品牌建设是不是需要全新的认知，以及新的实践？

本书的后面将向您说明，为什么品牌——尤其是强品牌——对于企业增长仍然是头等重要的战略。强品牌能为企业带来强增长，并且能显著提升营销投资的效率。

如果您尚未为自己的产品和服务创建品牌，您现在要做的就是建立品牌，然后把弱品牌建设为强品牌。

眼下，我们要重新审视过去的品牌定义，包括标识、消费者感知集合等概念，并从消费者和企业的双重视角，为数字时代的品牌找到一个更加贴近核心和本质的新定义。

品牌的作用在于解决供需匹配的效率问题，通俗来说就是帮助消费者（需求方）迅速找到心仪的商品和服务，同时帮助企业（供给方）通过销售建立起可累积的资产，取得长期竞争优势。

消费者需要品牌，是因为品牌可以帮助消费者做出更有效的决策；企业需要品牌，在于品牌是企业可以建设的长期资产。

品牌的"赛场"

从线下实体店，到网上购物平台，再到直播电商，消费者的购物环境日益复杂，企业经营方法随之变化，因此，品牌的本质和定义也在悄然改变。接下来，让我们先来看看数字时代的品牌能在哪些"赛场"（场景）发挥作用。

消费者的共同意识

尽管数字时代的消费者行为发生了某些变化，品牌可以在更多、更复杂的场景中对消费者的决策施加影响，但消费者对品牌的认知方式并没有多少改变。如果品牌能被消费者记住，并留下独特而美好的印象，便能帮助消费者有效地做出购买决策，从而促进企业业务增长。所以说，消费者的共同意识仍是企业最为宝贵且关键的资产之一。

消费者的瞬间体验

过去 10 多年涌现的大量互联网技术，使得消费者与品牌的接触不再局限于宣传单、货架、产品包装和实际体验，还扩展到电商页面、社交媒体和虚拟现实等场景。

伴随着购物场景的多元化，消费者的体验也与过往有着诸多不同。一方面，品牌与消费者沟通交互的场景变得无处不在，比如，消费者可以通过线上社交平台、自媒体、电商平台等渠道获取更多的产品 / 服务信息，并与品牌实时沟通；另一方面，品牌与消费者、消费者与消费者之间形成了多角度的交互，再加上多媒体技术给消费者带来的全新感官体验，进一步提升了消费者的线上体验，从而促进了消费者的购买决策。

除了长期影响消费者的认知，现在的品牌还可以在特定场景中抓住消费者。这就是为什么很多消费者会冲动购买过去并不熟悉的产品/服务，正是这些体验使消费者在某时某刻建立起了对品牌的感知，促成其购买。

🧊 整体生态

品牌的重要目标是促使消费者做出购买决策，然而购买行为发生后，品牌与消费者的连接通常就会减弱，甚至消失。

好在现在可以通过数字化手段——如物联网——实现品牌与消费者的实时连接，为销售者提供"不下线"的优质体验。消费者不但能够便捷地获得相关产品和服务，品牌也可以借助数字化手段洞悉消费者不断变化的需求，并持续给予其需求的满足，从而获取消费者的"全生命周期"价值。

赢在新"赛场"

前面讲了，品牌发挥作用的场景较以往发生了深刻的变化。您应该也深有体会，各品牌在这些"赛场"上的竞争也变得更为激烈。因此，每个品牌都需要找到更为有效的方法帮助消费者进行决策，从而赢得竞争。

我们从数据与经验中，可以得到以下几个重要的认知。

🧊 有意义的差异化

我们经过多年的观察发现，品牌要赢得竞争，首先需要实现有意义的差异化，这其中包含两重含义，缺一不可。

- 与其他竞争对手不同。

- 自身的差异化要对消费者有实际意义。

对消费者有意义的差异化，能通过数字技术更便捷地触达消费者，并基于这一特点获得更高的溢价能力。此外，通过打造有意义的差异化，可以形成品牌的独特价值，这让品牌可以在广告、物流和电商生态等方面更容易左右逢源，实现经营的正向循环。

企业在品牌建设中不仅要找到自身与其他竞争对手的差异，还要打破消费者对品牌所在品类的认知，或超出消费者对品类的预期，在品类中引领新的潮流或趋势。

🔹 创造价值感与抵御价格敏感性

定价对任何企业都是非常重要的实施商业策略的手段，定价不仅会影响品牌在消费者心中的价值感，合理的定价还能帮助品牌有效抵御价格敏感性。同样，它也是品牌有意义的差异化的一部分。

对品牌而言，比价格更重要的是价值感。以纯粹低价吸引来的消费者，往往并不能为企业带来长期的价值，况且长期的低价策略会降低品牌的价值感。因此低价并不是一个企业可以长期依赖的策略。

即使年轻品牌在初创阶段还不能追求溢价，但至少品牌的存在可以降低消费者的价格敏感性。所谓价格敏感性，就是消费者过于关注价格，只有价格足够低时才购买产品。因此品牌的成长离不开对自身产品 / 服务的定价进行有效的管理，从而建立自身在定价上的优势。

🔹 让消费者更忠诚

长久以来，培养消费者对品牌的忠诚（品牌忠诚）都是品牌建设中重要的议题。然而现实是，品牌忠诚可没有看上去这么简单，或者更为严谨地说，品牌忠诚可分为两种：情感忠诚和行为忠诚。

情感忠诚是指消费者在情感上与品牌产生了很强的共鸣和绑定关系，消费者认为品牌为自己而生，自己真的爱这个品牌。虽然情感忠诚是品牌特别难以普遍实现的目标，但让一部分消费者实现情感忠诚有非常重要的意义：一方面情感忠诚有辐射效果，会影响更多的消费群体；另一方面，只有获得这些消费者的爱，品牌才能更清晰地定义自身。

而行为忠诚仅仅是消费者的一种习惯，这种习惯反倒是现在品牌和营销人员可以追寻的目标。每个企业都要审视消费者的行为忠诚（重复购买，简称复购）对生意的贡献到底有多大。而比起追求消费者的复购，我们更应该厘清消费者的行为过程——从消费者行为过程出发，优化购买便利性等环节的消费体验，从而收获消费者"全生命周期"价值。

🧊 高覆盖实现品牌增长

对于品牌而言，高覆盖目前仍是驱动增长的原动力。不论是 20 年前的研究，还是最新的数据，都反复印证了这个结论。在品牌营销中，覆盖策略能够显著地驱动品牌和企业增长。

数字时代的媒体碎片化对品牌的覆盖策略形成了较大挑战。不同于大众媒体环境下的大众高频传播，数字时代的品牌需要制订科学可行的计划，在大大小小各种终端上实现覆盖范围和覆盖效率的优化；此外，还需要通过广告和营销技术，对覆盖范围和覆盖效率进行实时测量和优化，最终提升整体营销的效率（后文统称其为 ROI，即投资回报率）。

🧊 弱品牌也可以局部突破

在大众媒体时代，强品牌通常拥有更为充沛的资金和完善的供应链，在品牌传播和品牌建设上掌握着绝对优势。弱品牌要想实现局部突围，可谓困难重重。而如今的电商平台、社交平台等渠道的日新月异，为弱品牌的发展和建设提供了更为有利的条件，我们可以看到大量初创品牌脱颖而出。

在数字时代，弱品牌可以通过集中力量，在消费者价值主张、有意义的差异化、用户体验、价值感、传播覆盖、行为忠诚等方面发力，实现在细分市场的强势突破，由弱品牌向强品牌迈进。

🔹 要么变强，要么消亡，不要安于"小而美"

通过某款爆品在细分市场实现突破的"小而美"品牌，最终也会面临品类渗透率的"天花板"，如果无法通过创新将品牌做大、做强，最终只会走向衰弱甚至消亡。因为即便是成熟的品牌，也需要持续创新才能保持高速增长。

纵观历史的发展，变强或消亡，是所有品牌的宿命。"品牌"会战胜"无品牌"，而"强品牌"会战胜"弱品牌"。强品牌是企业最为重要且宝贵的资产，也是企业持续增长的重要战略，在 BrandZ™ 历年的最具价值品牌排行榜中也可看出这一点。

延伸思考

1. 你觉得在数字时代，品牌是否依然重要？

2. 你认为在数字时代还有其他与品牌相关的革新性认知或实践吗？

3. 面对数字时代的变化和挑战，你是否采取了有效的方式驱动品牌增长？

第1章

强品牌的价值

在数字时代，品牌建设还重要吗

近年来，移动互联网和智能手机大规模普及，消费者的行为轨迹得以被记录；与此同时，广告和营销技术的迭代发展，使品牌（也可理解为企业，为了便于理解和统一，后文将品牌与企业视为同一主体）能通过数字渠道触达消费者并与其沟通互动，从而直接、全面地了解消费者。

随着品牌与消费者之间的距离不断被拉近，开篇的疑问被提了出来——"在数字时代，品牌建设还重要吗？"如今，凭借渠道、爆品、促销等手段，品牌在短期内迅速提升销量的案例不在少数。这与以往通过广告等大众传播手段建设品牌，长效促进业务增长的路径大相径庭。

现在，企业还需要品牌吗，或者说，品牌建设还重要吗？

答案是肯定的！在数字时代，企业仍然需要品牌，且品牌建设会变得越来越重要。尽管促进销量增长是所有企业开展营销活动的直接目的，但是，仅靠渠道、爆品、促销等手段带来的销售效果，很容易就会触达品类渗透率的"天花板"，企业不得不陷入价格的竞争，最终损害企业利润，难以维持长期增长。

下面，让我们回顾一些每个消费者都可能会遇到的品牌决策场景。

场景一

人们平时不会刻意记住那些外伤药品的品牌，但当忽然脚踝扭伤急需购买药膏时，有以下药膏供你选择。

● 康复止痛药膏

● 云南白药止痛药膏

你会选择哪一个？我相信你很有可能选择云南白药止痛药膏，这就是因为品牌的价值在你的脑海中发挥了作用，此时你想起的往往是印象较为深刻的品牌。

场景二

如果你在网上搜索洗发水，会一下子出现很多不同品牌、不同价格的产品，并且都带着精美的产品图片。在挑选的时候，你发现自己曾经购买过某品牌的护发产品，并且很满意，于是你决定尝试这个品牌的洗发水产品，这就是品牌的影响力。

场景三

我们要去某地旅游前，会在网上查询和对比很多酒店，我们的决策很大程度上会受到旅游攻略、酒店的图文信息的影响。品牌就存在于消费者的选择过程之中，也就是说，品牌在各个触点上的关键体验瞬间在发挥作用。

场景四

很多消费者最初往往只是购买了某个品牌的某一款产品，然后，品牌在为消费者提供后续服务的同时，也会向消费者推荐更多的其他产品。从使用品牌的某一款产品开始，到购买更多种产品，再到期待品牌产品出新、参与新产品共创，最终成为忠实的消费者，这就是品牌建立持续生态的典型案例，你想到了哪个品牌呢？

在以上这些场景中，影响消费者最终决策的关键因素就是品牌。

让消费者直接购买一个陌生的产品并不容易，但如果能让消费者先对这个产品的品牌有所认知，并给其留下独特和积极的印象，让产品与品牌间建立紧密的联系，那么品牌的力量就会被激发出来，最终推动消费者的购买决策。

从初创品牌到成长品牌，再到成熟品牌，只有不断建设，品牌的实力才会不断增强。对于企业而言，强品牌是其最宝贵的资产之一，也是其长期、稳定和高效发展的基石与动力。

强品牌是企业的宝贵资产

拥有强品牌的企业，其中长期收益、股价等方面具有更突出的表现。品牌价值是大型金融机构在定期评估和审核自身投资组合时的衡量指标之一，也是投资者非常关注的"指南针"。海尔是"2020 年 BrandZ™ 最具价值全球品牌 100 强"排行榜中唯一上榜的生态品牌，通过打造生态品牌（后续章节会详细拆解叙述），海尔将自身的品牌资产以及无形资产进行了整体梳理与重新评估，最终其私募股权投资的估值提升了 3 ~ 4 倍。

没有一个企业的成长是一帆风顺的，而强大的品牌是企业发展的"护身符"。强品牌的韧性及抗风险能力远高于普通品牌。BrandZ™ 的历史数据显示，在 2008 年金融危机期间，BrandZ™ 品牌贡献前 10 强品牌组合的股价，仅用了半年就恢复到危机前水平，而 MSCI（明晟）世界股票指数（又称 MSCI 全球指数）却用了 4 年半的时间（图 1-1），可以看到，强品牌走出危机所花的时间比其他品牌少很多。

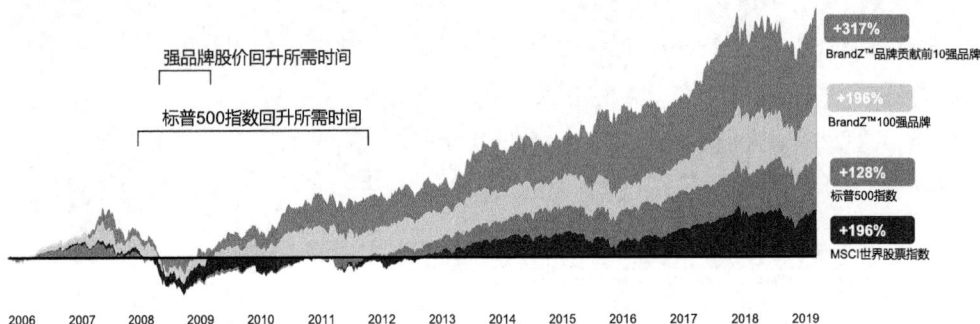

图 1-1　BrandZ™ 强品牌投资组合的长期价值（数据来源：凯度集团）

2020 年，受新冠肺炎疫情冲击，美国股市数次熔断，BrandZ™ 品牌贡献前 10 强品牌组合的股价却仅下跌了 37%，跌幅仅为 MSCI 世界股票指数的一半（图 1-2）。越是危机时刻，那些强品牌的价值越是凸显。同样，越是艰难的时候，越要重视品牌建设。

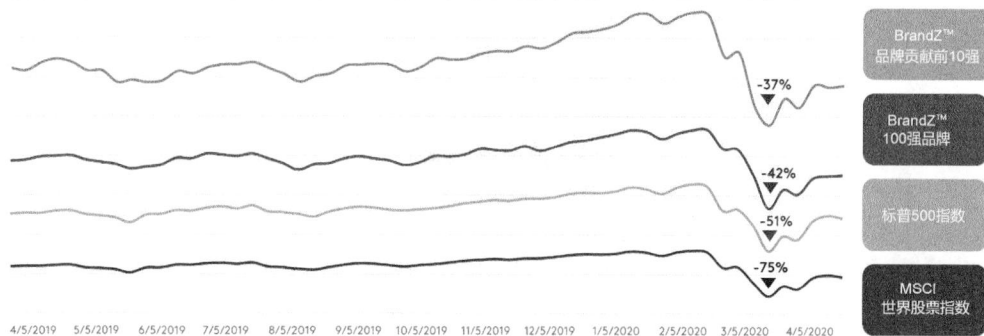

图 1-2　强品牌的抗冲击能力（数据来源：凯度集团）

强品牌推动长期增长

强品牌对企业长期增长的驱动主要体现在两个方面：促进消费者决策和提升品牌溢价。

拥有更高知名度的强品牌在消费者心中往往代表着更好的品牌形象。很多经典研究已经表明，消费者在购买决策过程中，通常要在 7±2 个产品或品牌中做选择，而只有那些获得消费者认知的产品或品牌才有可能进入消费者的决策范围。因此，品牌知名度和品牌形象能影响消费者的购买决策，提升产品被购买的概率。

BrandZ™ 曾对品牌溢价的驱动力进行过深入的分析，发现 44% 是由品牌对消费者的意义贡献的，46% 是由品牌差异化贡献的（图 1-3）。而有意义的差异化（meaningful difference）是品牌资产的关键组成部分。因此，建立强品牌是提升价值感与品牌溢价的重要方式。消费者一方面能省就省，但同时，他们也接受以较高的价格购买他们认为值得的产品。比如在智能手机行业，苹果和华为皆因为自身的强品牌和"有意义的差异化"而拥有远超普通品牌产品的溢价，且拥有很高的抗价格敏感能力，这都是帮助品牌长效增长的关键所在。

差异化成为拉动溢价能力越来越重要的驱动力

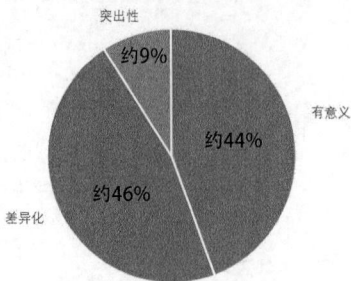

图1-3 品牌溢价的驱动力分析（数据来源：凯度集团）

数字技术的发展让全球消费市场的联系更加紧密，商品和信息跨越时间与空间自由流动，这也让强品牌能够拓展全球化战略。在资本市场的优异表现、更强的抗风险能力，再加上更高的溢价和销量，使强品牌能获得更多资金，对内提升自身产品研发能力，对外增强营销传播力度，从而形成强者愈强的马太效应。

强品牌增强效果营销

如果按广告投放的目标来做区分，企业所投放的广告通常分为品牌广告和效果广告两类。

品牌广告指那些以建立品牌认知、提升品牌形象为目标的广告，比如电视广告、户外广告、视频网站的贴片广告（在节目播放前强制播放的视频广告）、互联网展示类广告（如 App 开屏广告）。投放这类广告的目的是让品牌更多地触达目标人群，展示品牌信息。广告主通常要为播放量、展示量付费。

效果广告的目标更为直接，就是要实现即时转化或推动消费者行动，通常以互联网数字广告为主。可衡量的行为有点击、下载、注册、电话咨询、在线咨询等，比如在汽车行业，消费者填写资料表单的数量就是效果广告的衡量指标。在效果广告交易中，广告主只需为可衡量的结果付费。

互联网为效果广告提供了充分发挥作用的舞台，因而也获得了越来越高的广告预算。但与此同时，我们在研究和实践中发现，在很多行业，仅靠投放效果广告难以持续推动品牌的发展，因此品牌广告仍是必不可少的。只有依托于强大的品牌，效果广告才能获得更好的转化。

对于那些特别依赖消费者信任的行业和产品而言——比如母婴、汽车、金融服务、非处方药等——如果仅投放效果广告，虽然可以准确地锁定目标人群并推送信息，但很难形成有效的转化，原因就是缺乏消费者的信任。只有在投放了足够的品牌广告之后，效果广告的转化率才能有效提升，这说明品牌广告本身是增强效果广告的前提，每一个效果广告中都要有品牌的核心元素。

在现阶段的数字营销中，在广告主这一端，品牌广告（品）与效果广告（效）往往分属两类不同的预算，如何分配和使用预算也是一个非常普遍的问题。研究这个问题之前，我们必须对品牌广告和效果广告的功能进行清晰的界定。"品"与"效"在功能上是完全不同的，品牌营销驱动长期增长，效果营销带来的是即时的销量响应，但影响不超过 6 个月。

对于品牌应该如何分配"品"和"效"的预算这个问题，不是一个数字就能解释清楚的。不同行业、不同成熟度、不同特征的品牌，需要依据自身特征、市场环境、竞争环境等，对品牌投资预算占比不同的场景，以及所获得的业务变化和增长情况，进行充分测试和研究，得出合理的结论。

延伸思考

1. 你了解近年来崛起的品牌吗？它们的崛起有何规律？

2. 你认为传统的强品牌在数字时代的优势是什么？

3. 新营销形式已经让产品能够快速找到消费者，未来是否不再需要品牌？

第2章

数字时代的品牌

越是基础的问题，似乎越是难讲明白。

品牌是什么？当问及这个问题，我们脑海里可能会不自觉地冒出许多个名称，从早晨喝的星巴克，到工作中使用的微软办公软件，闲聊时的微信和睡前逛的淘宝、京东……品牌似乎无处不在，充斥在我们工作和生活的每个角落。我们每个人每天接触的品牌可达数十个甚至上百个。

这些脑海中冒出的名称是品牌吗？是，但也可以说不是，更确切地说，它们是品牌的一部分。美国市场营销协会曾这样定义品牌：

"品牌是一种名称、术语、标记、符号、设计，或者是它们的组合，其目的是识别某个销售者或某销售者群体的产品或服务，并使之同竞争对手的产品和服务区别开来。"

但这一定义具有鲜明的时代特征，或者只是品牌建立初期的定义。随着经济、技术以及品牌自身的发展，消费者对品牌的理解早已不再局限于名称、标志（logo）或者包装这些外在、显性、存在于产品实体的符号或者标识。我们在商场或电商平台上几乎找不到没有品牌名称、logo 的商品。品牌符号或标识已成为构成品牌的基本要素，并成为企业经营的"标配"。

到了 21 世纪初，英国品牌规划大师保罗·费尔德威克（Paul Feldwick）这样定义品牌：

"简单而言，品牌是消费者意识中感知的集合。"

在这个定义中，品牌没有以名称、视觉为基础，而是更多地表达了消费者的体验。

品牌研究专业机构凯度集团的 Millward Brown 的奈杰尔·霍利斯（Nigel Hollis）在《全球化品牌》一书（由谭北平于 2009 年翻译）中进一步定义了品牌：

"品牌包括消费者心目中的一组持久和共同的感知。那些感知越强烈、越相关、越有推动性，它们就越可能影响购买决策并为企业增加价值。"

可以看到，在过去的 20 年里，人们对品牌的理解一直在变化，因此我们在本书中并不试图去给品牌下一个大而全的定义，而是尝试从品牌所处时代的特征和品牌的发展阶段角度，对数字时代的品牌进行尽可能深刻的解读与诠释。

大众媒体时代，品牌是营销的核心

大众媒体（电视、广播、报纸、杂志）的出现带来了大众传播和现代营销。那个时代造就了一批极为成功的品牌，如可口可乐、宝洁等。那时候，信息传播的渠道较为集中和单一，消费者只能被动地获取信息，并且获取成本也不低。

因此，"品牌是消费者意识中感知的集合"这一定义在大众媒体时代是非常恰当的。

在此情况下，企业首先可通过大众传播和现代营销，以单向广告的形式，将品牌的核心观念大规模地传递给本土甚至海外市场的消费者，利用语言和广告的力量打动消费者；紧接着通过线下经销体系进一步占领商店的货架；最终，消费者在广告的影响下完成了购买。

占领消费者心智和货架成为大众媒体时代企业建立品牌的主流路径，而实现这一路径的最重要手段便是广告，以至于在很长一段时间内，大家一提到品牌，便将其跟广告画等号。诚然，广告曾经是非常有效的打造品牌的手段，但随着互联网技术的问世和发展，数字时代传播形态和销售渠道的巨变，也对打造品牌的方式和手段产生了巨大影响。

数字时代挑战品牌经典定义

互联网让信息变得触手可及，以往消费者只能被动地接受信息，而现在消费者可以自主筛选信息，在购买决策中掌握了更大的主动权。同时，消费者利用个人的社交媒体，能够放大自身的力量，影响其他消费者的购买决策，进而影响品牌。

随着互联网流量红利的消退，数字媒体逐步走向碎片化甚至粉尘化，企业即便愿意投入巨额成本覆盖尽可能多的渠道，也难以实现大众媒体时代般集中、大规模的消费者触达。

为了反映数字时代对品牌的影响，2013 年，华通明略和百度为数字时代的品牌赋予了全新的定义：

"品牌是消费者意识中的感知与互联网活跃内容的集合。"

这是首次将数字时代带来的变化引入品牌的定义。中国市场上也随之涌现出许多与品牌数字化相关的新定义和新工具，如品牌数字资产等。

电商平台和直播电商等新兴销售渠道的崛起，使得消费者的购买决策场景变得越来越多元，同时也让品牌传播的信息和场景之间的界限变得愈发模糊。

因此，尽管铺天盖地的广告和铺满线下货架仍是企业打造品牌的两大手段，但日渐高昂的成本和有限的投资回报也迫使企业需要不断思考和探索建立强品牌的方法，进而获得商业上的成功。

品牌体现企业长期价值

从企业管理的角度来看，数字化使企业内部的经营管理产生了巨大改变。以往的品牌构建通常是市场部的工作。但随着消费者对企业的发展乃至生存状况起到越来越重要的作用，品牌的重要性愈发凸显，以至成为企业层面的经营管理工程。

除了可以推动销售，优秀的品牌还能为企业的决策和发展提供方向，以及帮助企业招揽优质人才。可以说，品牌建设贯穿企业的"全生命周期"，是企业实现科学可持续增长的核心方法论，更是企业的长期价值的体现。

品牌是企业的长期资产并能帮助消费者做出决策

在以往的品牌概念和定义中，消费者是核心元素，但其实在当下，随着消费者扮演的角色越发重要和凸显，品牌的建设越来越成为企业发展过程中的核心战略。

品牌的核心意义在于：

- 消费者需要品牌，是因为品牌可以帮助消费者做出更有效的决策；

- 企业需要品牌，在于品牌是企业可以建设的长期资产。

品牌存在的意义是解决供需匹配的效率问题，即帮助消费者（需求方）迅速找到合适或心仪的商品和服务，同时帮助企业（供给方）构建可以累积的资产，取得长期竞争优势。

这样就可以很好地解释大众媒体时代品牌的定义。在大众媒体时代，品牌是消费者心智中的点点滴滴，是企业用规模化手段可以建设的，是长期存在于消费者关键决策路径中的。

在数字时代，消费者虽仍是企业构建品牌过程中的重要对象，但其角色和地位却发生了翻天覆地的变化，由被动接受转变为参与共创，甚至能影响企业品牌的发展。在数字时代，消费者的决策路径也发生了很大的变化。那些能够长期存在的意识、体验、数据、交互、算法都可能是品牌，因为它们都能够帮助消费者决策，并能够成为企业的长期资产。

从企业管理的角度来说，数字化使企业内部的经营和管理产生了巨大改变。以往，品牌的构建一般被视为市场部的工作。但随着消费者对企业的发展乃至生存状况起到越来越重要的作用，品牌的重要性愈发凸显，构建品牌不再是企业市场部的工作，而成为企业的经营管理工程，不仅能为企业的决策和发展提供方向，更能帮助企业招揽优质人才，推动销售。品牌贯穿企业"全生命周期"，是企业实现科学可持续增长的核心方法论，是企业的长期价值的体现。

我们从这一章开始，将带领大家探索在消费者端存在于不同空间、具有不同属性的品牌资产，以及如何从企业实践的角度去构建这些资产。

延伸思考

1. 你还听说过哪些品牌定义？这些定义的差异在哪里？

2. 在数字时代，品牌能在哪些方面帮助企业获得商业成功？品牌的成功可以表现在哪些方面？

3. 你所在的企业目前最有价值的、能够促进供需匹配的资产是什么？

第**3**章

品牌资产——消费者的共同意识

不同的消费者总是有着各不相同的观点，对于事物的认知差异也是巨大的。以一家生产电动汽车的 e 公司为例，以下哪些认知对 e 公司更宝贵？

- 电动汽车技术已经非常完善，更加安全和环保。

- 电动汽车的续航里程是一个巨大的问题。

- e 公司的电动汽车质量相当不错。

- e 公司的电动汽车价格昂贵。

越多人认同"电动汽车技术已经非常完善，更加安全和环保"以及"e 公司的电动汽车质量相当不错"，那么就会有越多的人选择电动汽车，甚至选择 e 公司的电动汽车。在这里，如果大多数消费者认同这两个观点，也就形成了消费者的共同意识，这就是 e 公司最宝贵的资产。

消费者的共同意识是如何形成的

本书在前面提到，在大众媒体时代，企业构建品牌的最为重要的动力在于占领消费者的心智，从而延伸出"品牌是消费者意识中感知的集合"这一定义。

品牌最初是易于被消费者识别的标识和名称，随着大众媒体的兴起，品牌对消费者的影响进一步前移，通过大众媒体的规模化传播，大量消费者的共同意识被塑造出来，我们就生活在这些共同意识中。

- 为了牙齿健康，我们需要早晚刷牙。

- 钻石是爱情的象征。

- 可口可乐的包装是红色的，代表欢乐。

- 宝马是适合年轻人驾驶的豪华车。

- 枸杞对于中年人的健康有好处。

这些共同意识并不是自然而然产生的，而是众多企业通过各种营销手段向消费者传递的信息和概念，从而在消费者的意识中形成了统一的形象、回忆和联想。

消费者的共同意识在诞生之时，便肩负着企业实现商业成功的重要期望。宝洁公司有一个著名的观点："消费者通常会在 3 ～ 7 秒内做出购买决策，这正是他们注意到店内货架上的产品所花的时间。"宝洁公司称之为第一关键时刻，并将其视为最重要的营销时刻。而在这段短暂的决策时间内，消费者几乎没有时间再去看广告，也不会再有意地去看广告，因此通常会倾向于选择其脑海中更熟悉、更有共鸣的产品或品牌。比如，消费者在选购汽车的时候，如果他更看重安全性，那么会因为脑海中的印象，最终购买沃尔沃汽车。

共同意识能在第一关键时刻对消费者的购买决策产生极大的影响，这也是品牌蓬勃发展的基石与秘密。

数字时代的媒体环境和传播途径较之以往发生了巨大的变化，但品牌与消费者之间的沟通和互动仍然存在，且依旧重要。在沟通和互动的过程中，品牌所传递的信息和概念以及消费者的反馈最终沉淀下来，在消费者心智中形成共同意识。此外，尽管消费者认知场和决策场的边界逐渐模糊，但消费者获取信息的渠道较大众媒体时代有了极大的扩展，消费者在决策时的选择范围也更大，因此在有限的决策资源下，消费者的共同意识成为选择的依据，可帮助其进行有效决策。

比如，当今的化妆产品极为丰富，每个消费者都面临极多的选择。"完美日记"作为一个初创品牌，以少数爆款产品打天下，继而塑造了"完美日记擅长打造精品"这一建立在产品力上的消费者共同意识，也成为这一品牌的"护城河"。后来，当完美日记推出新品时，便更容易被消费者认可和接受。

数字时代赋予品牌的定义不再局限于消费者意识中感知的集合，或者消费者的共同意识，但消费者的共同意识仍然是品牌的重要组成部分，也是企业最为关键的品牌资产之一。

品牌知名度和品牌形象

消费者的共同意识这一品牌资产可以拆解为两部分：一是品牌知名度，即品牌在消费者心智中被知晓和回忆的程度；二是品牌的形象，代表品牌为消费者所带来的一些非常具体的感知，它可能是具象的颜色、形状、场景和人，也可能是抽象的情感。这二者构成了消费者共同意识中最重要的品牌要素。

从我们的经验来看，品牌知名度是非常值得企业去投资的一项消费者共同意识。大众媒体时代，企业通过对大众媒体的大规模营销投资，再加上运用娴熟的传播策略，加深了品牌在消费者心中的认知。这样做的好处是显而易见的，它能显著提升消费者的购买意愿。因为只有消费者耳熟能详的产品或品牌才更可能被消费者选中，提升被购买的概率。

到了今天，品牌知名度对于企业依然重要；通过提升品牌知名度来提高品牌的渗透率和业务增长，仍然是企业品牌投资的典型路径。比如，美团外卖和瓜子二手车交易平台，它们在品牌发展初期都会大规模投放相对传统的电视广告与电梯广告，从而让消费者迅速建立对于品牌或者品类的认知，以奠定品牌乃至整个品类业务增长的基础。

与品牌知名度相比，品牌形象的构建更需要创造力以及对企业经营和定位的深入把控。如果说品牌知名度能让品牌进入消费者的决策范围，那么品牌形象便能大幅提升品牌被选中的概率。可口可乐和百事可乐之争就是一个经典的案例：可口可乐最初建立了家庭和睦、快乐的品牌形象，而为了实现差异化，百事可乐塑造了年轻、个性的品牌形象，两大品牌都尝试通过各自鲜明的形象拉拢消费者，而这些属性能让消费者在近似的场景以及有限的决策资源的情况下，选择与其产生共鸣的品牌。

此外，品牌形象也与品牌定位一脉相承，恰到好处的品牌形象甚至能决定产品的价值和溢价，许多奢侈品品牌都善于把握这一点。消费者心目中的品牌形象可能包括两层意思，一是品牌所代表的形象，二是整个品类所代表的形象。"钻石恒久远，一颗永流传"是一个极为经典的钻石营销案例，广告商将钻石这种自然产物和爱情紧密地联系在一起，使得许多年轻人在结婚的时候都希望拥有一枚钻石戒指。可是在这之前，无论是东方还是西方，黄金才是婚姻的象征。由此可以看到，品牌和品类形象的树立是非常重要的，它是企业在品牌构建中的重要战略，优质的品牌形象能够帮助企业获得得天独厚的竞争优势。

与提升品牌知名度的方法不同，品牌形象不仅需要大规模的传播和触达，更需要优质的内容、清晰的故事和定位，在将这些信息通过媒体、产品、触点传递给消费者后，还需要消费者参与品牌的创建，最终形成一个整体的品牌形象。在数字时代，品牌形象的构建所能诉诸的手段更加多元，但同时也更加复杂，对内容、故事和定位提出了更高的要求。

品牌作为一个整体而抽象的概念，难以对企业的经营和发展起到非常具象、细化的指导作用。然而，那些存在于品牌框架之下，能帮助消费者进行有效决策的要素，却能真实地指导企业的经营和发展，实现商业成功。

品牌的挑战

数字时代来临之前，构建消费者的共同意识是企业塑造品牌的主要手段，在当时的媒体环境和消费者决策路径下，这并不难实现。然而，在媒体碎片化、消费者注意力稀缺、消费者决策路径缩短的今天，品牌的塑造极具挑战。

首先，媒体碎片化和消费者注意力的稀缺，使得企业提升品牌知名度和建立品牌形象的成本大幅提升，大水漫灌式的传播难以有效建立消费者的共同意识。因此，我们需要更加深刻地洞察媒体环境，更加深刻地理解消费者，并将这些理解反映在更加精细的运营活动中。

其次，消费者决策路径缩短，认知场和决策场间的界限愈发模糊。过去，消费者会在受到日常媒体广告的影响后建立起对某个品牌的认知，当他们到了商场时，凭着脑海中对广告的印象做出购买决策。如今，消费者在购买商品时，可以获取丰富的品牌信息，包括产品详情、用户评论，即便消费者对这个品牌完全不了解，也完全可以做出购买决策。

最后，消费者共同意识（品牌知名度和品牌形象）在消费者心目中构建起的品牌信任正逐渐被媒体和渠道瓦解。随着电商平台为商品"背书"的能力日益增强（如国内电商平台实行的无理由退款），消费者对平台的信任会削弱其对单一品牌的依赖。积极的一面是，随着精准投放和定向等互联网广告技术的发展，中小品牌也能够凭借有限的预算在目标 / 细分人群中建立起消费者的共同意识，沉淀属于自己的品牌资产。

延伸思考

1. 对你所在的企业来说，最有利的消费者共同意识是什么？

2. 你所在的企业在消费者心目中的知名度怎么样？形象是什么样的？

3. 很多新兴品牌仍然会使用大众媒体渠道进行营销，你觉得效果如何？

4. 你最近获知的初创品牌是什么？是从什么途径认识的？

5. 消费者共同意识会趋于消亡，或者说重要性会逐渐减弱吗？

第4章

体验是新时代品牌的资产

在上一章，我们探讨了消费者共同意识及其重要性，但在数字时代，消费者的决策越来越感性和冲动，能够影响消费者决策的因素也从心智、记忆，拓展到与品牌日常接触的各个环节。

海底捞在其发展初期的创新，便是在消费者排队等候时为其提供周到的服务。消费者的排队等候时段往往被餐饮企业所忽视，海底捞抓住了这一痛点，随后通过科学的服务设计，将消费者痛点转化为出色的消费者（或用户）体验，从而在竞争中脱颖而出。我们看到，如今越来越多的企业开始重视消费者的体验，不断加大对品牌体验的投资。

消费者体验影响品牌价值

当下，品牌在消费者体验方面的投资和创新大致可分为两类：一类是对传统消费者旅程体验遗憾的弥补和优化；另一类是对消费者的数字化体验进行有意识的梳理，并通过数字化技术为消费者提供更好，甚至超预期的体验。

数字技术不仅改变了消费者的购物环境和方式，还对消费者的心理和行为习惯产生了深刻的影响。在这种情况下，消费者的体验也潜移默化地发生了变化，主要体现在如下几个方面。

- 购买场景转向线上：电商平台不仅是传统货架的延伸，更是全新决策场和购买场融合的体验性渠道。

- 双向沟通，多维体验：以前的消费者只能被动地接受品牌广告，现在的消费者可以和品牌进行沟通，沟通形式也从单纯的广告拓展到信息、服务和体验等多个维度。体验好坏与否甚至成为影响消费者决策的重要因素。

- 虚拟化体验：VR（Virtual Reality，虚拟现实）、AR（Augmented Reality，增强现实）等新技术的运用，让消费者可以沉浸在逼真的虚拟世界中，挑选甚至体验产品。

- 触手可及的产品信息：品牌现在甚至可以利用手中的数据预测出消费者的需求，然后推送有针对性的信息，满足消费者的潜在需求。

从整个电商平台环境来看，消费者过去在购物时，只能看到产品的包装和最基本的功能介绍，而现在，消费者不仅可以看到图文并茂的商品信息，还能观看产品的使用视频以及真实消费者的推荐等，通过延伸和丰富消费者与品牌之间的交互，促使消费者形成有效的购买决策。

大家发现了吗？如今，消费者对产品/服务的要求不再局限于功能本身，而越是良好的体验，越能帮助消费者有效地做出购买决策，超预期的体验更能促进消费者的复购，进而形成品牌忠诚，为品牌带来更多价值。

BrandZ™ 研究数据显示，2019 年至 2020 年，能够持续提供出色体验（BrandZ™ 满足需求指标得分较高）的品牌，价值平均增长 15 亿美元，而得分较低的品牌，其价值平均增长仅为 4.35 亿美元。

经典案例——金融客户体验的创新

2020 年，在全球市场形势不明朗的情况下，中国平安保险集团（以下简称平安）的品牌价值增长了 15%，达到了 338.10 亿美元，五度蝉联全球第一保险品牌。

近年，平安品牌提出了"一个客户、多个产品、一站式服务"的全新客户体验方案。在这套方案中，平安会根据客户地域、文化等属性，以"科技 + 金融"的数据和技术手段更精准地洞察客户需求，从而提供更对客户"胃口"的金融方案，以此强化了客户体验。

对客户来说，理赔是最为关键的业务环节；对平安品牌来说，理赔也是一个为客户提供优质体验的机遇，如果能让客户获得超出预期的体验，并通过社交媒体给予品牌积极的评价，便能让品牌获得更好的口碑。

针对这个影响体验的关键环节，平安提出"为客户寻找理赔理由"的创新思路。江苏盐城有个客户因生病提出 6 万元理赔请求，但在卷宗审核环节，平安的工作人员发现客户符合另外一个理赔条件，可获赔 30 万元！

2017 年，中国平安人寿保险股份有限公司（简称平安人寿）在业内率先启动"闪赔"服务，通过生物特征识别、光学符号识别、大数据模型、自动理赔处理系统等智能科技，在为客户提供高效理赔服务的同时，有效规避了赔偿申请欺诈的风险。

2019 年，中国平安财产保险股份有限公司（简称平安产险）首创"信任赔"服务，借助大数据应用为车主客户构建安全驾驶评分系统，然后根据评分为每位车主客户匹配相应的车险自主理赔信任额度，赔付的平均完成时间仅为 168 秒。

对客户（消费者）来说，他们之所以愿意选择平安品牌，我们认为是因为平安品牌具有以下优势。

第一，平安在经营层面的稳健性和成长性给客户强有力的信赖感。

第二，平安合理地利用技术手段，给客户带来了实在的体验提升。

第三，平安在金融业务上具有专业优势，还兼顾"线上 + 线下"服务，方便客户办理业务。

打造超预期的消费者体验

消费者体验的构建和优化是品牌建设中的重要一环，超预期的消费者体验更是品牌的重要资产。那么，应该怎样着手去做呢？

第一步是发现问题。 品牌需要对消费者的"旅程"进行完整、深入的研究，然后绘制一份完整的消费者体验线路图（图 4– 1）。线路图中的几个关键环节需要重点关注：消费者了解品牌的渠道，获取的商品和服务信息，购买下单的渠道，以及后续的使用体验等。

第二步是分析问题。 在上述这些关键环节，品牌需要做到全面审视，事无巨细。只有做到这一点，品牌才能科学地从产品、服务、互动等环节进行消费者体验设计，为消费者提供一致、无缝、独特的体验。

第三步是解决问题，基于体验线路图，对现有的消费者体验进行持续管理和优化。 利用技术手段进行精准的测量，能让品牌清晰地了解消费者体验的现状，这对品牌而言十分关键。消费者体验中的遗憾点和痛点必须尽早处理，因为它们会极大地影响消费者体验。所谓好的体验，本身并没有一个十分确切的定义，但它一定是在某种程度上超出了消费者的预期。

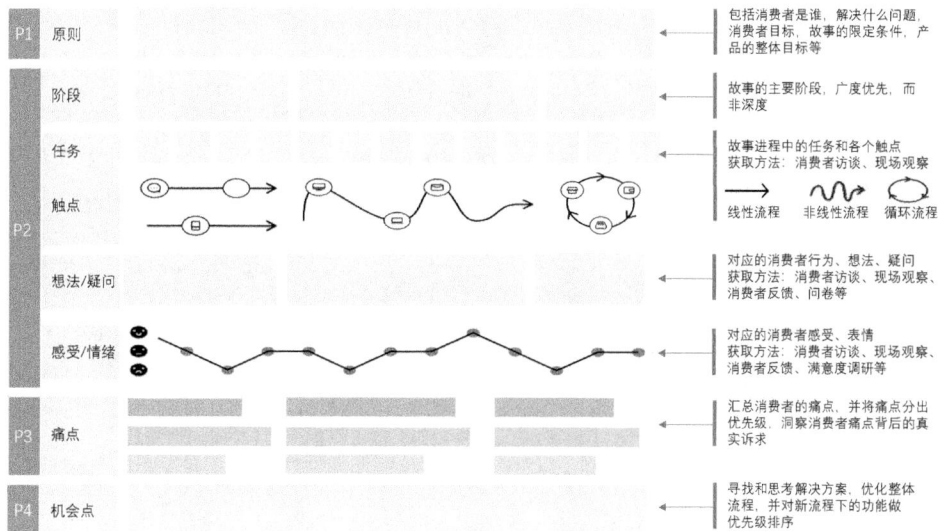

图 4-1 消费者体验线路图框架

延伸思考

1. 你所熟悉的品牌和行业，消费者体验存在哪些痛点或者遗憾点？

2. 你所熟悉的品牌和行业，为消费者的数字化体验做了哪些创新？

3. 你觉得在数字时代，消费者体验的管理需要注意什么，有什么原则？

4. 你所熟悉的品牌和行业，会对消费者体验进行测量吗？

第5章

品牌资产生态化

有一类企业采用多品牌战略，为市场提供许多产品，并冠以不同的品牌名称。比如宝洁公司拥有很多我们耳熟能详的品牌——玉兰油、帮宝适、飘柔——但很多消费者并不知道宝洁是谁。有些企业会使用统一的品牌名称，如美团、滴滴等，但品牌的覆盖范围也可以有很大的不同。

海尔集团创始人张瑞敏在 2018 年 4 月 24 日首次公开发表对品牌范式的观点，他认为品牌可以划分为 3 类，分别是产品品牌、平台品牌以及生态品牌。

从产品品牌到平台品牌

产品品牌，顾名思义是以产品为核心的一类品牌，也是大家日常生活中接触最多的一类品牌，比如鸿星尔克是运动服饰品牌、娃哈哈是饮料品牌、大疆是无人机品牌。过硬的产品质量、较高的知名度、独特的联想，这些都是产品品牌赢得消费者青睐的重要保障。产品品牌在规模化生产和大众媒体传播时代迎来了黄金发展期，部分品牌脱颖而出，享誉世界。

后来，互联网技术蓬勃发展起来，淘宝、京东、美团之类的电商平台不断涌现，借助我国几十年来铺设的信息通道与交通网络，它们在人口和流量红利的推动下迅速崛起，成为老百姓生活与消费环节的一部分。

电商平台本身不生产任何实际产品，而是通过自身（一般为互联网平台）把消费者与产品、信息和服务连接起来。凭借着数据和流量优势，平台品牌可以扶持其他品牌、控制流量方向，从而影响消费者的选择。

传统强势的产品品牌，在平台品牌的控制之下，影响消费者的能力和溢价能力不断被挑战和挤压。

从平台品牌到生态品牌

那么从发展的角度看，所有的产品品牌都会被平台品牌所控制吗？

不一定！

平台品牌尽管能为消费者的决策提供"背书"，但消费者从电商平台上购买到的仍然是各个产品品牌的具体商品。虽然平台品牌控制了购买场，然而只有真实的产品才能与消费者建立持久而深入的联系。

体验经济、社群经济和共享经济，近年来这些新名词其实反映了消费者需求的巨大变化。人们不再满足于单个产品提供的标准功能，而是希望获得能够在特定场景中使用的成套产品或解决方案。

过去，品牌与消费者的连接主要体现在购买环节。比如，王女士买了一台双开门的冰箱，如果冰箱不出现问题，她便不需要再与品牌有什么联系。

如今，消费者在使用产品的过程中，可以实时与品牌进行沟通。比如，王女士购买了一台智能冰箱，她随时都可以通过手机 App 获得品牌的服务。另一方面，智能冰箱也会持续收集王女士使用冰箱的数据，使品牌可以持续优化和升级产品。此时，智能冰箱已经成为一个连接消费者与品牌的系统载体。就这样，基于产品构建的场景、基于智能构建的生态品牌便诞生了。

与传统的产品品牌和平台品牌不同，生态品牌可以与生态中的合作伙伴协同，为消费者提供整体解决方案。并且透过万物互联的物联网设备，品牌能够获取消费者使用产品的实时数据；通过分析这些数据，品牌就可以有的放矢地持续管理和优化消费者的体验。

经典案例——转型生态品牌，实现逆势增长

"传统工业时代，企业要么成为世界品牌，要么为世界品牌代工；移动互联时代，企业要么拥有平台品牌，要么被平台品牌所拥有；而在物联网时代，企业要么转型为生态品牌的引领者，要么成为生态品牌的合作方。"

——海尔集团董事局主席、首席执行官张瑞敏

2019 年 12 月 26 日，海尔集团在其创立 35 周年庆典活动上宣布了"生态品牌战略"。

海尔是人们日常生活中非常熟悉和感到亲切的电器产品品牌，它为什么要转型成为生态品牌呢？主要原因还是消费者需求的变化。过去的消费者看重的是产品，而今天的消费者更需要一套完备的解决方案。

作为家电制造商，它只要把产品卖给消费者，交易就算结束了。但对生态品牌来说，卖出产品只是它服务消费者的开始。海尔的企业愿景是在家电品牌领导者的基础上更进一步，打造生态品牌，以消费者为中心，提供主动的智慧服务方案。

海尔通过卡奥斯、三翼鸟、衣联网、食联网等平台，构建了一个完整的生态。以衣联网平台为例，海尔不但利用技术手段改善了消费者的洗衣体验，还与不同行业的品牌合作伙伴一起制订方案；海尔从满足消费者场景的需求中获益，海尔的合作伙伴也从生态中受益。最终，消费者将从更全面的定制化智慧家庭解决方案中受益。

三翼鸟平台专注于智慧阳台场景，能根据消费者的需求提供定制化的场景方案，比如洗护阳台、健身阳台、休闲阳台、萌宠阳台、绿植阳台等九大类的 1450 多个场景方案。三翼鸟平台吸引了博洛尼、箭牌、迪卡侬、晾霸、懒猫等行业头部品牌进入海尔的生态体系。

海尔生态品牌的建立，除了驱动自身的发展，还有更重要的意义。

第一，帮助企业在发展过程中及时开启第二曲线。

第二，海尔生态平台可以为中小企业赋能。卡奥斯平台通过物联网，将威海荣成的传统房车改造为智慧移动家庭产品，获得了消费者的高度认可。其产品在售价提升 60% 的情况下，订单量增长了 60%。

第三，生态可以为个体创业者赋能。海创汇平台把个体创业者引入生态体系后，利用行业生态的资源帮助个体创业者迈向成功。

第四，海尔在建设生态品牌的过程中，不但为社会创造税收，提供了约 100 万个就业岗位，同时还关注环保问题，这些都体现了生态品牌的社会价值。

为支持生态品牌转型，海尔内部对自身进行了改造和重塑，打造了敏捷灵动的组织结构。以"合伙人化""网状化""赋能化"及"利益共享化"为核心的组织重塑，让海尔能更好地围绕消费者需求提供一体化整体解决方案，在物联网时代把握了先机。

现在的海尔作为物联网生态品牌，吸引了众多合作伙伴，合作伙伴实现了转型升级，而海尔也实现了逆势增长。在"2020 年 BrandZ™ 最具价值全球品牌 100 强"排行榜中，海尔作为唯一的物联网生态品牌上榜，从 2019 年的第 89 位上升到第 68 位，品牌价值高达 187.13 亿美元，同比增长 15%。

生态品牌，实现"人的价值最大化"

2021 年 9 月，由海尔联合品牌战略咨询机构凯度和牛津大学赛德商学院发布的《物联网生态品牌白皮书》，对生态品牌做了一个明确的定义：

"生态品牌是通过与用户、合作伙伴联合共创，不断提供无界且持续迭代的整体价值体验，最终实现终身用户及生态各方共赢共生、为社会创造价值循环的新品牌范式。"

生态品牌突破了传统品牌定义下单一的消费者（用户）视角，以"用户＋合作伙伴＋社会"组成的多维视角重新定义品牌。

近年来，消费者对个性化、定制化和场景化的需求越来越旺盛，生态品牌刚好能满足这一需求，填补产品品牌和平台品牌的缺失。生态品牌在消费者购买决策过程中占据得天独厚的优势。

基于场景内互联互通的智能设备，生态品牌能迅速感知消费者的购买需求，持续创造更多的个性化场景体验，将消费者发展为品牌的长久用户。

从服务合作伙伴与社会的角度来看，生态品牌需要与生态合作伙伴联合共创，共赢共生，共同为用户提供覆盖各个场景的个性化、定制化的成套产品或解决方案，并积极承担创收之外更多的社会责任。

物联网生态品牌创造了一个"跨界共创、资源共享、平等普惠"的美丽新世界，最终实现"人的价值最大化"。这里的"人"所指的非常广泛，既包含品牌的消费者和合作伙伴，也包括员工和更广泛的社会大众。物联网生态品牌正是从"人的价值"出发，通过激发消费者、合作伙伴、员工与社会大众在生态圈内的交互共创，最大化地释放和凝聚各方潜能，从而实现社会经济的高质量发展和前所未有的社会价值。

"企业终将灭亡，生态永远不朽"，通过让"人的价值最大化"，物联网生态品牌创造了一种兼容并蓄、生生不息的新商业生命体，也为我们开创了一种可持续发展的新品牌范式。

延伸思考

1. 你所在的企业正在打造哪种品牌？

2. 你知道目前有哪些品牌在积极布局生态品牌建设，或者在构建生态系统吗？

3. 你觉得企业在构建生态品牌的过程中会遇到哪些问题？

4. 构建生态品牌后，品牌传播将仍会以单一企业的形式进行，还是以生态整体进行呢？

5. 构建生态品牌后，单一品牌在消费者端会消亡吗？

第6章

有意义的差异化

你的品牌存在于消费者意识中，存在于体验中，也存在于生态中。你竞争对手的品牌同样存在。要在竞争环境中脱颖而出，品牌就要做出差异，也就是要找到与其他品牌的不同点，而且要便于识别。

"差异化"不是新鲜词汇，一直以来它都是企业品牌建设的重要目标。但在同质化竞争越发激烈的当下，各品牌在产品生产和技术门槛上很难拉开差距，价格也趋于透明，因此，打造品牌的差异化，构建自身独特优势，成为企业实现增长的重要诉求。

但是，尽管投入了大量人力和物力，大多数品牌却并没有真正实现差异化。我们认为主要有两点原因：一是对差异化缺乏全面的认识，二是并未做到有意义的差异化。

除了差异，更要有意义

关于什么是差异化，市面上有诸多版本的解释，内容大同小异，都是字面上的"与竞争对手形成差异"。而根据我们的实际经验来看，差异化主要包含两重含义。

一是与其他竞争对手不同，这是品牌构建差异化的基础步骤，也是大多数人对差异化的普遍认知。

而更深一层的含义，则是品牌所主打的差异化，要对消费者有实际意义。企业在品牌建设中不仅要与竞争对手有所不同，还要打破消费者对品牌所在品类的认知，或超出消费者对品类的预期，在品类中引领和创造新的潮流或趋势。

这里有一个值得参考的案例。坚果行业是一个门槛较低的初加工食品行业，以往多数坚果制造商都是简单地以产地命名自己的产品，如美国大杏仁、加州大杏仁，而三只松鼠品牌用独特的命名在行业中创造了新的潮流趋势。

三只松鼠作为以线上销售为主的品牌，改变了以往坚果制造商重在宣传产地、产品品质的传播模式，创造性地采用充满朝气的暖萌品牌形象，通过无微不至、超出预期的服务细节与消费者进行情感沟通，最终为消费者打造了有意义的差异化体验。

若深入探究"有意义的差异化",又可以将其细分为 3 个层面:产品/服务功能、情感沟通以及品牌理想/价值观。

以前,旅客出门在外只能选择酒店、宾馆等公共寓所居住,而 Airbnb 在建立之初便主打民宿和私人住宅理念,强调自身与传统旅游住宿服务的功能差异,并以高性价比作为差异化优势进行宣传,迅速在旅游住宿品类中创造了新的潮流。

随后,市场上出现了一些模仿者,Airbnb 随即从自身产品和服务功能出发,开始向消费者传递"以人为本""宾至如归"的理念,在与消费者的情感沟通上构建了有意义的差异化。

在与消费者建立起情感沟通后,Airbnb 又在品牌理想/价值观层面建立起了有意义的差异化,推出了非歧视政策,为消费者打造归属感和包容感。通过这 3 步,Airbnb 实现了从产品/服务,到情感沟通,再到理想/价值观的品牌差异化。

找准定位,长期运营

既然有意义的差异化对品牌的产品销量有重大影响,那么企业如何找到自身的差异化因素,从而构建有意义的差异化呢?

第一步,通过调研,了解消费者购买某个品类产品的原因,明确有哪些元素会影响消费者的决策,是功能、价格、服务体验,还是品牌知名度或品牌价值观?

第二步,展开竞品分析,洞悉竞品的分布情况以及成功品牌的经营优势,并与影响消费者决策的因素逐一比对,找出自身短缺的因素。

第三步,对挑选出的因素进行评估。它是否对消费者有意义?它是否能为我们的品牌积累长期资产?如果找到了答案,就需要品牌坚定地围绕差异化进行长期运营。

在洗发水品类中,宝洁的品牌构建已经非常成熟,宝洁打造的每个品牌在产品功能上都有显著的差异:海飞丝专攻去屑,飘柔突出柔顺效果,潘婷强调滋养功能。在宝洁几乎雄霸洗发水品类的背景下,仍有两个洗发水品牌通过构建有意义的差异化,成功抢占了市场份额,它们就是霸王和清扬。霸王瞄准了中草药和防脱发这两大未被发掘并能影响消费者决策的因素；清扬则是抓住了男士专用、女士专用这个角度，构建了有意义的差异化品牌。

随着媒体环境的变化和消费者行为习惯的改变，影响消费者决策的因素将会越发多元，任何品牌都需要实时把握消费者和市场信息，找准适合自身长期运营的差异化因素。

延伸思考

1. 你所熟知的品类有哪些影响消费者决策的核心因素（功能、情感或品牌理想）？

2. 你所熟知的品类有哪些引领或创造新趋势 / 新潮流的品牌？

3. 消费者选择你的品牌是出于什么影响因素？又为何选择竞品品牌？

4. 你所熟知的品牌在品类中能构建怎样的有意义的差异化？

第7章

品牌与价格

定价是一个相当有挑战性的商业决策。品牌最常面对的一个问题是，一个成本相对较高的产品／服务在上市时，到底应该给它定较高的价格谋求更大的利润，还是定相对较低的价格快速提升市场渗透率？

价格之于品牌的意义

在探讨品牌定价之前，我们不妨先来了解一下价格与品牌之间的关系。价格策略一直以来被视为市场营销的关键组成部分，其在企业内部的职能通常偏向销售，似乎与品牌关联不大。

其实，价格与品牌息息相关。我们在本书开篇便探讨过品牌的定义及其发展，提到"品牌是企业可以长期建设的资产"，并在后续章节中详细剖析了品牌作为一种资产的表现形式，指出品牌溢价是品牌的一项基本能力。

品牌溢价意味着消费者愿意花相对更多的钱来购买某个品牌的产品／服务，品牌也因此可以定相对更高的产品／服务价格。这对品牌和企业有什么影响呢？

- 更高的定价会为企业带来更丰厚的利润，进而使企业有能力持续扩大生产，加大研发和营销投入，为企业积累长期资产，实现价值正循环。

- 更高的定价能提升品牌的产品／服务的价值感，这种感觉对消费者的购买决策非常重要。几乎所有人都认同，奢侈品的定价通常远高于其成本，但消费者并非仅仅看中奢侈品的质量，而是更看中品牌所代表的与众不同的特质，这是消费者愿意为品牌价值感支付更多的金钱的核心原因。

- 更高的定价能帮助品牌形成有意义的差异化。溢价即产品和服务有更高的定价。品牌可以通过差异化定价，实现自身品牌有意义的差异化，比如为高端产品定高价，形成与普通产品的区隔。

- 更高的定价能帮助品牌形成价格锚点。价格锚点对品牌——尤其是新品类或者差异化品牌——非常重要。

电动汽车是汽车行业的新品类，特斯拉在上市初期，便采用了高价策略，以科技上的优势打造出了与传统汽车的差异化特色，引领了电动汽车的消费潮流，迅速占据电动汽车行业的头把交椅。特斯拉的成功，也为其他电动汽车品牌形成了价格锚点，这也是后来"蔚来""理想"等国内造车新势力能以高价策略迅速崛起的原因。

高定价与低定价的抉择

强品牌通常具备强溢价能力，但一定要采用高价策略吗？并不见得。

手机行业中的小米品牌从创立之初就一直奉行"厚道的价格"策略，在同等功能和配置的情况下，其手机价格低于竞品。可以说，小米手机的崛起与高性价比息息相关，这便是有意义的差异化。"厚道的价格"策略帮助小米提升了市场占有率，并且凭借着可观的销量保证了企业利润。

哪些品类适合采用平价甚至低价策略呢？主要有两类：一是市场规模大，可以通过规模化销售获得可观利润的品类；二是产品的边际成本相对偏低，能通过规模化销售降低成本的品类。

尽管低价产品能通过规模化销售形成可观的利润，但总体而言，在一个市场内，若低价产品无法将高价产品淘汰，最终获胜的往往是高价产品。原因是高价产品能够保证独特的产品定位，拥有尽可能多的利润来投入创新研发和营销。

以手机行业为例，相对高定价的苹果手机的利润远高于其他品牌。Counterpoint Research 发布的调研数据显示，2019 年第三季度全球智能手机的总利润约为 120 亿美元，苹果一家独占 66%，远超其营收占比的 32%。排名第二的是三星，利润占比为 17%。后续几位分别为华为、OPPO、vivo 和小米，不过这 4 家手机厂商的利润总和才勉强追上三星的利润。

所以我们得到的结论就是，如果品牌有能力支撑高定价，一定要坚持高定价，这样可以倒逼企业提供更高品质的产品 / 服务。即使品牌在初创期因为某些原因采取了低价策略，在后期的发展中，也要不断寻找机会，让品牌价值提升。

比定价更重要的是价值感

回到最初的问题，一个成本高的好产品，我们应该如何为其定价？在前面我们详细分析了高定价和低定价对于品牌的不同益处。

如果产品具备大规模销售的基础，能够成为大众的选择，且边际成本相对较低，那么就可以选择低价策略。但在数字时代的今天，要想成为大众离不开的品牌，难度较以往更高；并且随着个性化与定制化消费需求的兴起，市场细分越来越严重，对品牌而言，如果其实现不了一定的销售规模，则采用高价策略更为合适。

对品牌而言，其价值感往往比定价更重要。相应地，品牌对产品／服务的定价，需要以价值感为导向。品牌在选择高价策略时，需要赋予产品／服务相应的价值感。

那价值感是由什么决定的？更好的做工？更高档的用料？质量和成本？并不尽然。这些因素尽管会影响消费者对产品／服务价值感的认知，但并非构建产品／服务价值感的决定性因素。

我们认为，积累品牌资产是提升价值感、支撑高定价的重要方式。在前面，我们分别论述了消费者的共同意识、体验、品牌生态和有意义的差异化，它们都是品牌的重要资产。当然，定价本身也是品牌有意义的差异化的一部分。这些品牌资产都能帮助品牌提升自身产品／服务在消费者心中的价值感，为品牌赢得高定价的权力。

在云南白药品牌出现之前，国内牙膏品牌的价格区间主要在 10 元以下，主打卖点集中在美白、防蛀等功能。而云南白药牙膏上市时便采取绝对高价策略，将价格区间定在 20 至 30 元，并通过中成药治疗牙龈出血的差异化卖点迅速打开了市场，在消费者心智中建立起"云南白药牙膏可以预防和治疗牙龈出血"的共同意识，通过品牌资产提升了产品在消费者心中的价值感，从而支撑起远超同品类产品的高定价。此后，舒适达、竹盐等品牌也凭借云南白药品牌建立起的价格锚点，通过各自的差异化提升了品牌价值感。

当然，如果某个品类的高定价区间和低定价区间都已经存在很激烈的竞争，品牌也并不一定要选择高价或低价策略，找准品类中竞争较小的定价区间，通过恰当的定价实现自身产品的差异化也不失为良策。

持续有效的价格管理

众所周知，降价和打折是品牌促进产品销量的有效手段，但是这些手段必须谨慎使用。一方面，只有定价相对较高的产品／服务才有折扣和降价空间；另一方面，过于频繁的促销会降低产品／服务在消费者心中的价值感，这会折损品牌积累的资产。

近年来，许多品牌以私域电商、直播带货等方式拓展和占领下沉市场，在这一过程中，品牌追求销量的同时务必要做好价格管理，切勿为了短期销量牺牲长期品牌价值。

此外，随着电商的发展和比价软件的普及，消费者获取价格信息越来越容易，产品定价变得越来越透明，这对品牌提出了新的挑战。这时品牌就需要随时监控市场上各产品价格的变化，制定对应的定价策略。同时，品牌也需要利用专业工具监控市场上自己产品的售价，避免渠道商等中间环节破坏品牌的定价策略。

经典案例——秉承工匠精神，打造高价值品牌

2020 年对许多企业来说都是非常艰难的一年，然而 2020 年 6 月 30 日发布的"2020 年 BrandZ™ 最具价值全球品牌 100 强"排行榜中，茅台成为过去 12 个月中全球品牌价值增幅最大的品牌，增幅高达 58%，这是茅台自 2012 年入选该排行榜以来，第一次冲进前 20 强，位列全球最具价值品牌第 18 位。

近年来，茅台的品牌价值不断提升，进入优质增长快速通道，背后有 3 个因素值得关注。

第一，茅台严苛的质量标准是品牌价值中最关键的因素。即使在世界范围内，茅台酒也属于品质最好的蒸馏酒之一。茅台拥有一整套复杂、严苛、漫长的酿造工艺，从原料准备到产品出厂，每一滴茅台酒都要经过 30 道工序、165 个工艺环节，并且至少存放 5 年才能出厂。对于茅台来说，品质与品牌的重要程度，始终在其他任何因素之上。成本服从质量、产量服从质量、效

益服从质量、速度服从质量，是茅台提出和坚持的原则。

第二，40 多年来，中国改革开放和经济的崛起培养了一个超大规模的市场。能被中国市场认可的品牌，一定会获得巨大的成长空间。

第三，文化共识与协同，为茅台的进步打下坚实的基础。近两年，茅台启动文化茅台战略，在全球推动品牌文化的推广工作，与全球主流媒体和国际活动主办方合作，完成了很多成功的品牌传播活动。

作为一个被消费者普遍认可的高价值白酒品牌，茅台对"高端"的理解更多聚焦于品质。经过几十年的发展，茅台已经成为全球市值领先的公司，价格战从来都不是茅台的选项。

延伸思考

1. 你所熟知的品牌采取的是相对高价还是相对低价策略？

2. 你所熟知的品牌是如何构建自身品牌的价值感的？

3. 你所熟知的品类有在定价差异化方面做得非常好的案例吗？

4. 除了我们之前提到的品牌资产，你觉得还有哪些影响定价和价值感的因素？

5. 你认为品牌应如何在电商促销 / 直播带货促销的同时维护品牌价值感？

第**8**章

重新认识品牌忠诚

如何让消费者对品牌保持忠诚，长久以来都是企业，特别是营销人员的一项重要议题。在大众认知中，品牌忠诚能为品牌带来宝贵的留存和复购，而且对于宝贵的销售转化，老客户的价值要远高于新客户的价值，何况维护老客户要比获取新客户更划算。

情感忠诚与行为忠诚，哪个更重要

《How Brands Grow》一书基于品牌市场份额与消费者忠诚的比例关系展开了研究，结果表明，在整体消费者层面，普遍意义上的品牌忠诚是不存在的。品牌忠诚是概率行为，通常也不是排他的。消费者不会只购买一个品牌的产品，现实中他们"脚踏多条船"，所以不能奢望消费者对品牌"情有独钟"。

那么，如今的品牌忠诚到底是什么呢？严谨地说，品牌忠诚可分为两种：情感忠诚和行为忠诚。品牌需要清晰区分它们。

复购行为其实不能算作忠诚，如果真的存在极强的情感忠诚，消费者应该是"我只买它，如果买不到，我宁愿不买"的状态。但实际上，不论是在过去还是今天，这样的状态非常少见。品牌想保持消费者的情感忠诚，其实是非常困难的，今天的营销人员不应该把消费者的情感忠诚当成一个重要的营销目标。

而所谓行为忠诚，其实就是一种消费习惯，这种习惯反倒是企业，特别是营销人员应该去追寻的目标。每个企业都要审视行为忠诚，即消费者的复购对生意的贡献到底有多大。

今天，品牌发挥的主要作用不再是单纯地让消费者"爱"上自己，更多的是减轻消费者的选择负担，就好像我们很少在手机上装满所有的外卖软件。因此，能够降低消费决策难度的因素，都将成为品牌的一部分。

品牌不仅要成为一个让消费者喜爱的角色，更要成为一个帮助消费者进行决策的推手。比起一味追求消费者的复购，我们更应该厘清消费者的行为过程，优化消费者体验和提升购买便利性，从而收获消费者"全生命周期"价值。

品牌忠诚背后是什么

在数字营销环境下，品牌存在于消费者的共同意识中，存在于体验瞬间和整体生态中。技术和媒体环境的变化让品牌能与消费者产生更持续和有效的沟通。听取消费者的真实声音，并用消费者的语言来说话，才能让品牌和消费者产生更多的共鸣。

在大众媒体时代，品牌需要用相对较长的时间，通过大众媒体传播各种各样的广告，让消费者获得优质的体验，以此形成品牌的口碑。

而数字渠道和推荐算法的发展，让消费者可以轻松获取产品的信息。比如，张先生想从电商平台上购买零食，于是他买过的品牌就会被平台算法优先推荐，他甚至可以回顾之前的订单，方便地再次购买自己最爱吃的那一款。正是这些外在的变化，潜移默化地影响了消费者的购物习惯。同时，消费者的需求越发碎片化和个性化，并且要即时满足。

那么，如今的品牌需要如何打动消费者呢？

便捷性和可获得性必不可少！当消费者需要的时候，产品的信息甚至产品本身要让消费者触手可及。

消费理由同样重要。消费理由既可以感性动人，也可以理性严谨，但唯独不能缺少独特性，必须突出自身的差异化，并且是对消费者有意义的差异化。比如，雪糕品牌钟薛高，让吃雪糕的场景不再局限于夏天和户外，从而将消费时间拉长，并拓展了送礼等场景。咖啡品牌三顿半，填补了咖啡消费场景，让消费者可以在旅游、驾车等场景中喝咖啡提神。

只要我们把消费者忠诚理解为行为习惯，理解为品牌要为消费者提供的便捷性，从而不断降低其复购产品的成本，那么今天的品牌建设反而会更加容易。

让消费者更忠诚的新思路

数字技术和智能硬件为品牌提供了一个与消费者长期沟通，为其持续服务的界面，这种变化显著降低了消费者复购商品的成本。那么品牌应如何顺应变化，更进一步提升消费者对品牌的行为忠诚呢？

品牌必须明确，消费者品牌忠诚，或者说品牌建设和维护的核心目标在于满足消费者需求，让消费者的复购更容易，从而吸引更多消费者。提升消费者行为忠诚，说白了就是要增加消费者的复购次数，为此，品牌可以从营销触达、内容呈现、私域运营、场景服务这 4 个维度持续增强对消费者的影响力。

营销触达

高覆盖是增强品牌知名度的重要策略。合理地利用广告、直播、电商等各种手段和渠道，可以让品牌持续触达消费者，并且优化各个触点的消费者体验，展现出品牌最好的一面。重定向和 AI 推荐算法的加持，可以让品牌对老客户进行持续的触达，从而进一步提升复购率。比如，某宝妈为自己 6 个月大的宝宝购买了某品牌的一段奶粉，那么在以后的恰当时间，品牌可以为她推荐二段 / 三段奶粉、婴儿辅食等产品，以推动其持续购买。

内容呈现

如今，优质的内容是品牌占领消费者心智的制胜法宝。保持独特性和新鲜感，持续向消费者传递有意义的差异化信息，并且快速研发新品，积极创作优质的内容非常重要。在此过程中，品牌还需要关注内容生产和传递过程中与消费者的双向沟通，从而找出 KOL（Key Opinion Leader，关键意见领袖）和 KOC（Key Opinion Consumer，关键意见消费者），以更为优质的内容打动消费者，以内容力驱动消费者复购。

私域运营

私域流量的精细化运营也是推动消费者复购，获取消费者"全生命周期"价值的关键手段。品牌需要用心做好自媒体，然后运用私域运营技术 [如 SCRM（Social Customer

Relationship Management，社会化客户关系管理）、SaaS（Software as a Service，软件即服务）]，在与消费者沟通互动的同时，不断沉淀消费者资产。

🎁 场景服务

品牌在内容上与消费者展开沟通，提升自身产品的购买便利性和可获得性，并在各个场景为消费者打造独特、优质的体验，便可以提升消费者更换品牌的成本。有了这个基础后，品牌还要逐步建立起自身的生态，提升自己在整体场景下对消费者的服务能力和消费者的品牌体验。比如，消费者在购买了小米的数码产品并安装了 App 后，便可以用手机操控小米的各类硬件，非常方便。前面提到的海尔品牌，通过物联网等技术，还可以与其他品牌联动，共同为消费者打造无缝持续的优质体验，培养终生消费者。

技术的迭代速度将会不断加快。品牌除了需要持续洞察消费者外，还需要不断增强自身的技术能力，以强大的 IT 能力为品牌建设保驾护航，通过数字化策略和数据的循环持续运营，最终在竞争中脱颖而出。

延伸思考

1. 你所熟知的行业和品牌，在消费者品牌忠诚方面有什么突出的案例？

2. 你是如何提升消费者行为忠诚的，有哪些工具和技术可以使用？

3. 你认为随着数字化的不断深化，消费者品牌忠诚今后还会发生什么变化吗？

第9章

高覆盖与品牌增长

"增长"一词对企业而言包罗万象，但它是每个企业都在追求的目标。推动增长的方法有很多种：薄利多销、高端定制、广告轰炸、大量铺货、私域流量。每个企业对于不同的增长方法常常抱有大量的争议。到底哪些方法是长期有效的呢？

我们可以从一个简单的企业生意基本公式开始分析，拆解企业增长的基本逻辑。

企业生意基本公式

衡量一个企业经营水平的最直观的指标就是销售额。只要是靠销售来生存和发展的企业，其总销售额都可以拆解为以下 3 个部分。

- 市场渗透率：购买了本品牌的产品 / 服务的目标人群的占比。

- 重复购买：平均一个消费者在一段时间内重复购买了多少次本品牌的产品，也被简称为复购。

- 单价（购买价格）：产品的成交价格。

以上 3 个因素的乘积决定了企业的生意状况，数字越大越好。

由此可见，企业要实现生意的蒸蒸日上，就要驱动上述 3 个因素全部或部分增长。那么它们中的哪个对企业最重要？在驱动方法和策略上又有什么不同呢？这里我们总结了 3 个策略。

第一个是单价增长策略。一般来说，产品价格越高，带来的利润越高，品牌要在力所能及的情况下，尽量采用高价策略。但是在市场实践中，产品单价不太可能有太大的增长空间，而且单价增长有可能会使渗透率降低。要采取单价增长策略，必须有极强的品牌作为支撑。

第二个是驱动复购策略。在前文中我们分析过，消费者的复购行为主要依赖于其行为忠诚和购买的便利性（企业需要创造各种手段，让消费者更方便地复购产品），但与单价策略一样，复购策略也很难驱动企业生意成倍数的增长，它需要有生态型品牌的支撑，也需要强有力的品牌渗透作为保障。

第三个是渗透率增长策略。大量实践、分析和研究都发现，生意增长的最终源泉是渗透率增长，即生意的增量来自更多消费者的购买。市场整体人群中，使用本品牌的人越多，生意越能强势增长。而渗透率又分为品类渗透率和品牌渗透率。

比如，中国市场上有极为丰富的洗衣清洁品牌，早些时候人们只知道洗衣粉，甚至连洗衣液都不常用。后来，柔顺剂这个全新的品类出现了，并慢慢渗透到消费者的洗衣习惯中。金纺这个品牌作为柔顺剂的代表，其销量的增长，正是依赖于柔顺剂的整体品类增长和自身品牌渗透的双重作用。

中国市场中互联网品牌的增长，绝大多数也依赖于互联网服务品类渗透率的增长。比如，美团品牌最初依靠点餐和团购市场的快速发展而增长，但同时，美团并未止步于餐饮业务，而是不断扩展自身使用场景的边界，迈向了外卖、酒店、药品、快递、娱乐等业务领域，这些服务品类渗透率的不断提升，最终促成了美团品牌的增长。

三位一体高覆盖，提升品牌渗透率

要想提升品类或品牌渗透率，必须做好 3 件事：场景高覆盖、媒体高覆盖和渠道高覆盖。

场景高覆盖

场景高覆盖是指品牌需要让消费者能在更多的场景里面联想到要使用自己的产品，上文提到的美团就是典型的例子。最初，消费者只有在吃饭点餐和团购场景中才会想到使用美团 App。现在，说到订票、娱乐等场景，消费者也会不自觉地打开美团。

再比如，传统消费场景中的酸奶是针对老人和小孩的营养食品，平时起到佐餐的作用。而今天，我们已经看到很多品牌都在积极拓展针对休闲、聚会和运动的饮用酸奶的新场景，同时塑造了"自我犒赏""养护健康"的新概念。

媒体高覆盖

要驱动消费者认同品牌所宣传的产品使用场景，并在这些场景中使用、购买产品，第二件必须做的事是提高媒体覆盖率。有人肯定会问："为什么要提升媒体的覆盖率，而不是选择精准的媒体呢？"原因是企业实现增长所需的消费者，基本都是"轻度用户"。

如果把所有的消费者分为"重度用户""中度用户""轻度用户"，那么：重度用户指那些不管是情感上，还是行为上都忠诚于特定品牌的人，比如那些只喝可口可乐的朋友；中度用户是习惯使用你的产品的群体；轻度用户则是偶尔或没有特定原因时才会使用你的产品的群体。

大量市场研究和实践经验证明，大部分品牌的消费者是轻度用户，重度用户占比非常低，这意味着大部分品牌的消费者并不会长期复购某个品牌的产品，这是市场研究分析中非常重要的结论。针对这一点，品牌营销的目标应该是驱动更多消费者，尤其是轻度用户来尝试购买自己的产品，让他们对品牌有更深刻的印象。这意味着必须在媒体端形成高覆盖，把品牌信息、产品信息通过媒体持续、反复传递给更多消费者，甚至还要延伸覆盖到呈现消费者购买场景的媒体上。

媒体高覆盖并不意味着"无脑"地投放广告，而是要坚持 3 个关键策略。

第一，针对单一市场的覆盖要达到一定的门槛才有效。

通常来说，要在单一市场上形成媒体传播上的显著优势，需要覆盖 30% 以上的目标人群，过低的媒体覆盖率无法在目标市场形成具有竞争力的效果。

第二，媒体覆盖的渠道要全面、场景要匹配、频次要足够。

今天是信息量极大丰富的时代，每个消费者每天都会接触海量信息，品牌必须有多场景、高频次的曝光，才能让消费者记住，进而产生购买冲动。而且媒体覆盖的场景需要跟前面讲到的购买场景及产品使用场景相匹配：当一个家庭消费品品牌需要做媒体覆盖时，需要匹配家庭化的媒体，如电视广告；但如果是需要消费者当机立断购买的产品，可能就要更多地匹配直播、电商这样的场景媒体；而如果是一个需要线下消费的产品，则需要更多地匹配户外媒体或是与消费店面更接近的媒体。

第三，媒体高覆盖中必须考虑竞争，获得优势 SOV（Share Of Voice，声量份额）。

市场中除了品牌自身，行业竞争对手也都在不停地发声，对消费者施加影响。因此企业必须关注自身品牌在整个竞争市场中的媒体声量份额是否足够。行业媒体覆盖的整体声量份额大固然有利，但如果竞争对手的声量份额更大，则最终会导致消费者选择其他品牌。只有那些声量份额占优势的品牌，才会在消费者心中留下深刻的印象。

　　媒体高覆盖策略的最终目标就是让更多的消费者形成品牌认知和记忆，同时在他们有消费需求或进入消费场景时，品牌能够加速消费者的购买决策。

　　企业在执行媒体高覆盖策略过程中，离不开专业的营销技术和工具。数字广告行业中普遍应用的是媒体到达率曲线和跨媒体预算分配计划工具（MixReach）。

　　使用媒体到达率曲线，可以拟合媒体的投资费用与覆盖效果的关系，评估媒体投资在触达表现上的效率。当把不同的媒体、不同的屏端、不同的广告形式所拟合的到达率曲线进行对比时，企业可以有效地评估它们之间的效率差异，结合媒体购买的价格，进而可以评估以覆盖为目标（即以 Reach% 为目标）的 ROI（图 9-1）。

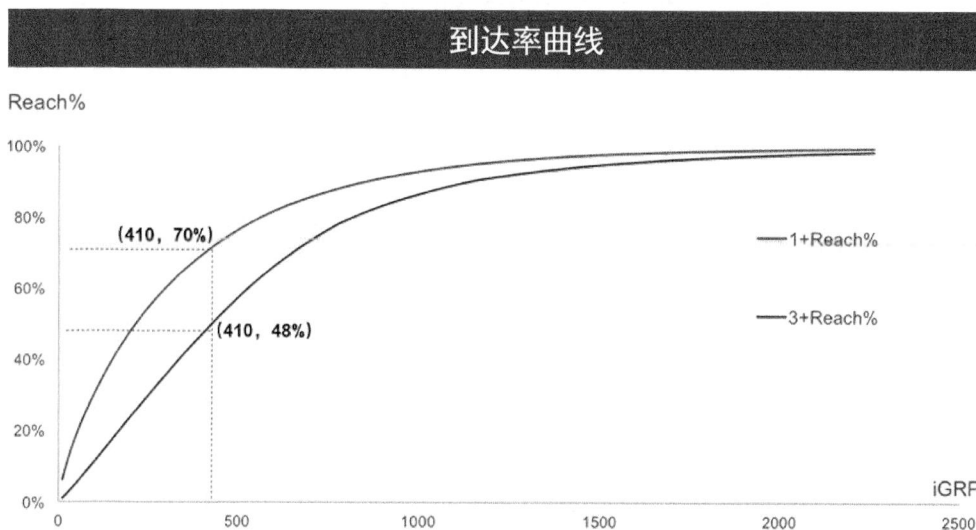

图 9-1　媒体到达率曲线

　　众所周知，人们每天都会接触大量的媒体，其中有一部分会有重叠，那么如何在执行媒体高覆盖策略的同时，避免在同一个消费者身上过于频繁的触达呢？这时就需要营销技术解决方案。也就是基于不同媒体、屏端和媒体间的覆盖关系，帮助品牌在固定预算下实现广告最大覆盖效果，或在已定覆盖目标下选择最低投资方案。比如，使用 MixReach 工具，可以基于不同市场、不同 TA（Target Audience，目标人群）、不同屏端，来测算与优化投资方案。行业中的众多品牌和代理公司在投放数字广告，以及执行媒体高覆盖策略时都会用到这款营销技术工具。

🎁 渠道高覆盖

很多时候，消费者一旦买不到自己想要的某个品牌的产品，便会轻易转向其他"买得到"的产品，所以，品牌必须在渠道和可获得性上为消费者提供充分便利，即在渠道上做到高覆盖。

渠道的覆盖和管理，是推动品牌增长非常重要的手段。不管是线下的店面、商场和超市、小卖店，还是线上的电商、直播、官网等各式各样的场景，都需要品牌有存在感，这个存在感不仅仅是铺货到位，还包括选择在消费者容易关注和购买的位置铺货。你所做的一切准备，都将对消费者的"最后决策时刻"起到推动作用。

但是，渠道的覆盖需要成本，很多品牌并没有能力铺设所有的渠道，那么就需要品牌对消费者的购买行为了如指掌，比如，本品类产品的消费者偏向于在什么时间、什么场景、什么渠道购买。只有基于对消费行为的精准洞察，制定渠道覆盖的优先策略，品牌才能在有限的预算下覆盖渠道，并获得更高的渗透率。

延伸思考

1. 你所熟知的行业和品牌，有什么样的场景高覆盖案例？

2. 采取媒体高覆盖策略，可以用哪些工具和技术？

3. 你认为品牌是否能不做媒体高覆盖，只靠渠道高覆盖生存？为什么？

第**10**章

弱品牌的细分市场强势突破

近年来，中国涌现出大量有影响力的新品牌，如李子柒、完美日记、小仙炖、花西子等，这些品牌虽然成立时间不长（往往不超过 10 年），但呈现出无限的发展潜力。研究这些品牌发展和突破的经验，可以帮助中国各行业在未来培育出更多的强品牌。然而，这些新锐品牌虽然都有亮眼的业绩表现，但其整体实力与成熟的强品牌相比还存在一定差距。企业需要认识到，任何一个品牌的成长都需要时间，品牌的增长和变强都有基本的路径和规律可循——品牌从小变大，由弱变强，最主要的突破手段就是在一个细分市场中先变成强品牌。在行动上，弱品牌变成强品牌可以分解为 3 步（图 10-1）。

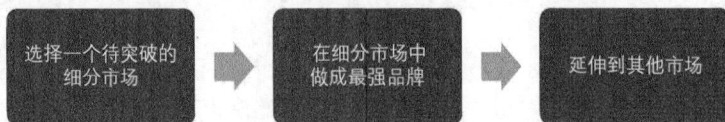

图 10-1　弱品牌成长路径

细分市场可以从 3 个维度进行划分，我们将从这些维度来研究弱品牌的成长策略。

● 消费者心智层面的细分市场：把握消费者独特的心理需求。

● 基于地域属性的细分市场：单一地域切入，做大做强。

● 基于渠道 / 平台的细分市场：大胆尝试新媒体平台，借流量快速增长。

心智细分市场中的创新

在 3 个维度的细分市场中，基于消费者心智的细分市场往往是我们容易忽视的，但它也是最为重要的细分市场。心智细分市场是指消费者心目中对使用某个产品或品牌的场景、功能等层面的认知。做市场细分时，品牌首先需要从消费者心智层面找到自身独特的定位和优势。

以下是一个心智细分市场的图例（图 10-2）。基于消费者心智，可以把酸奶分为 4 个维度，也就是消费者普遍关注的"健康""口味""品质""价格"。

消费者需求心智图

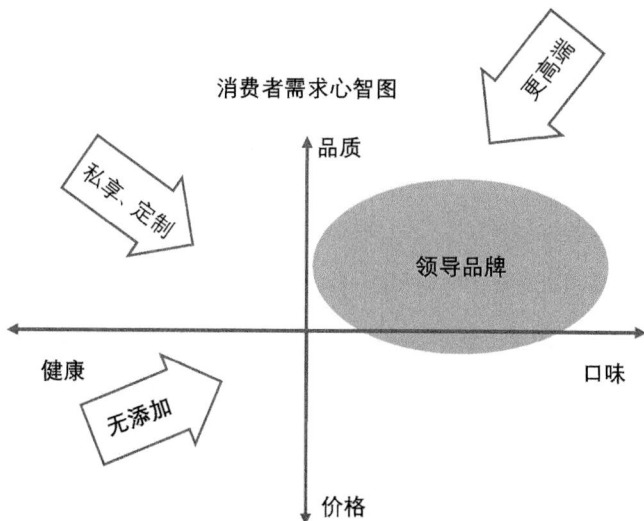

图 10-2　酸奶品类消费者需求心智图

当下，中国市场的安慕希、纯甄、三元、蒙牛和伊利品牌在品质与口味维度上占据优势。对后来者而言，直接在这两个维度上竞争，它们往往难以取得突破。新品牌需要深入研究消费者，找到消费者对酸奶更独特的心理需求作为主攻方向。就现有这张图（图 10-2）而言，你能在哪个维度继续突破？

在"健康"维度上，除了常见的"奶源安全""营养丰富"，还可以挖掘出"无添加"细分市场。2015 年上市的酸奶新品牌简爱靠"0 添加糖"的理念，实现了连续 5 年的翻倍增长。2016年上市的新酸奶品牌认养 1 头牛在立意和营销层面的创新就是抓住了"定制"这一概念，仅用两年它便覆盖了两亿多消费者。

为什么品牌需要消费者心智维度的细分市场策略？通常情况下，品类现有的领导品牌为了明确自身的个性定位，很难兼顾不同维度的优势：如果强调了"多口味"，那就没办法突出"无添加"；如果自己坚持"高品质"，就不能再提"性价比"。对新进入的竞争者来说，这就意味着仍然可以找到开发的空间。

那么是不是只要选择了新的消费者心智细分市场，就一定能够成功呢？并不见得！品牌在选择市场之前、开发市场过程中，还必须持续研究消费者行为，通过数据反馈，不断评估品牌传播的效果，同时观察消费者对此细分市场的认知程度，是否接受这一细分属性，以及是否接受自己的品牌。2009 年上市的某酸奶品牌，也曾尝试在"健康"维度寻求突破，向消费者推广与健康相关的概念，但这一品牌从 2017 年开始销量持续下降，究其原因是该品牌所主推的概念属性未能影响消费者心智。

营销史上有一个知名的新品牌在消费者心智细分市场实现突破的案例。

在中国洗发品类市场中，宝洁、联合利华等外资企业一直占据强势垄断地位，打造过飘柔、潘婷、沙宣、海飞丝等多个成功品牌，覆盖了消费者洗发场景中"柔顺""营养""去头皮屑"等各种心智需求，表面看起来洗发品市场已经没有死角了。

然而，中国的营销人员通过深入研究，发现仍存在一些未被覆盖的细分心智需求。针对脱发困扰，霸王主打中药防脱发概念，成功地在密不透风的市场中抢占到了宝贵的份额。而另一个洗发品品牌清扬，在几乎所有洗发产品都定位为满足女性需求时，独树一帜地为男性打造专属洗发产品，这一细分策略也获得了极大的成功。

区域市场的突破

地域属性是一个传统的市场细分维度，在今天，弱品牌实现突破的重要战略是先从单一地域切入，做大做强后再扩张。

根据 BrandZ™ 针对全球强品牌的调研，即使是最强势的消费品牌，也很难同时在全球 5 个以上的区域市场占据领先地位。不同地域背后代表的是不同消费者的生活习惯、消费理念、媒体环境和购买渠道。哪怕是可口可乐品牌，也无法在所有地域的饮料市场中做到第一名，这说明地域区隔性会对品牌扩张形成天然的壁垒。

获得全国性的成功要比获得区域性的成功更困难，也正是由于这个原因，地域区隔性反而成为初创弱品牌实现局部突破的契机，"各个击破"策略也成为弱品牌抢占市场的常见战术。

单一地域切入策略的关键是，在目标地域中，品牌一定要形成优势，在本市场成为最强势品牌，即声量份额、渠道铺设、生意份额都必须与竞争对手拉开差距，获得显著的领先，这样才可能在单一市场扎根成长。

借力新渠道 / 平台

互联网产业在我国高速发展，规模宏大的市场空间在推动互联网产业发展的同时，也赋予其独特的属性，使其成为既具备媒体功能的流量平台，又具备销售功能的渠道。

品牌——尤其是强品牌——的持续成长，离不开这些新渠道 / 平台，但品牌在与渠道 / 平台的合作上也存在一些固有障碍。

- 数据障碍：以往，强品牌在选择流量平台时，往往非常看重平台的数据，如果新平台的数据尚不完备，会影响这类强品牌的尝试和使用。

- 决策流程障碍：强品牌往往体量较大，在决策流程上更为谨慎，使用新渠道 / 平台时的决策过程进展也较缓慢，难以成为最早"吃螃蟹"的人。

- 形象匹配障碍：一些新渠道 / 平台在初期的形象尚不确定，品牌会担心渠道 / 平台形象与自身形象不匹配，在选择时有所顾虑。比如，短视频媒体最初兴起时，汽车、奢侈品行业的品牌都曾认为双方形象不匹配，不敢贸然尝试。

正因为数字化渠道 / 平台不断出新，而强品牌又相对谨慎，所以给了弱品牌更多机会和空间。并且，每个新渠道 / 平台在成长阶段，品牌与之合作的成本都会较低，合作模式也更加灵活，这也使很多新锐品牌愿意选择这些数字化的新渠道 / 平台作为自己的起点，实现自身的突破。比如，早期的三只松鼠等品牌，完全依靠淘宝平台起家；2020 年开始火爆的直播电商平台，帮助大量新锐品牌——如花西子——实现了快速成长；小红书平台帮助完美日记实现了初期快速增长。

细分市场策略中的营销技术

无论是消费者心智、地域属性，还是渠道 / 平台维度上的细分市场，在营销执行层面都要有选择性，针对有需求、特定市场和使用特定媒体的消费者进行广告触达和精准营销。在这一过程中，精准化广告投放技术、程序化购买技术的应用就显得格外重要。

在今天的广告行业中，精准化广告投放是品牌所需要的常规操作，其中使用最为普遍的技术是目标人群精准投放（TA 定向）、地域精准投放（地域定向）和设备精准投放（可以根据手机品牌或型号、操作系统、智能电视品牌或尺寸进行投放）。媒体方会依托于自身的大数据能力，判断每台设备的使用者的特征和所在地域，形成设备标签，然后将品牌广告投放到指定的设备上。接着，品牌使用第三方监测公司（如秒针系统）通过监测获得的数据和自身的数据，验证媒体投放的精准性，保障品牌的权益。这一流程可帮助品牌应用营销数据与技术，实现各类细分市场的投放，避免了全量投放的浪费。

程序化购买是帮助品牌更好地执行细分市场战略的营销技术，它基于自动化系统（技术）和数据来进行广告投放。与常规的人工购买相比，程序化购买极大地提升了广告购买的效率、规模，改善了投放策略，可以帮助一些预算有限的弱品牌以更好的性价比获得流量。

延伸思考

1. 你所熟知的行业中近些年是否有崛起的新锐品牌？这些品牌采取了什么策略？

2. 你所在的行业中还有什么可突破的心智细分市场？

3. 你所在的行业中哪个区域是最值得选择的市场？为什么？

第 **11** 章

不增长，便消亡

"小而美"的品牌难以长期存活

当品牌在某个细分市场站住脚后，就成为一个"小而美"的品牌。如果品牌满足于当下细分市场中获得的收入与利润，通常就会止步不前，停留在这一阶段，但这种状态能持久吗？答案是否定的，残酷的市场往往会打破品牌偏安一隅的幻想。

品牌必须认识到，在当下的市场环境中，"小而美"的品牌是难以长期存活的，要么变强，要么消亡。

我们通过对多个行业的市场环境进行分析和研究后发现，当一个行业经历了初生状态、快速发展，进入相对稳定的状态后，市场中的头部品牌将获得远超其市场份额的利润回报，其他品牌往往只能获得很低的利润，甚至是负利润（图11-1）。

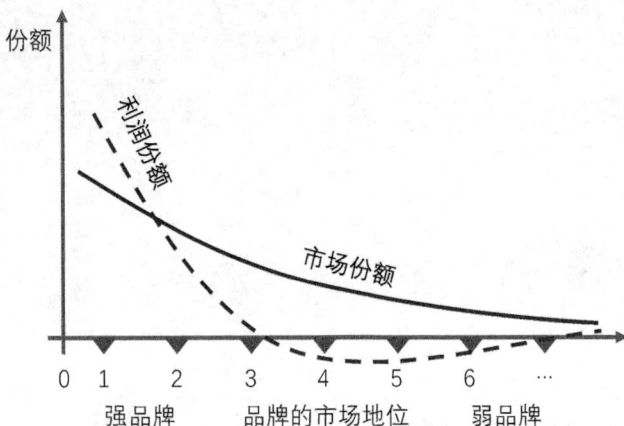

图11-1　行业品牌市场份额和利润份额示意图

2021年的全球智能手机利润数据报告中，智能手机市场份额的排名为三星、华为、苹果、OPPO、小米、vivo。但是从手机利润份额来看，苹果iPhone系列产品拿下整个智能手机行业利润的66%，约80亿美元；排名第二的三星的利润份额只有17%；其他品牌——如华为、小米、OPPO、vivo 等——的利润份额之和，总共也只有17% 左右。

　　品牌在起步阶段，确实能在一部分细分市场表现不错，因为这时品牌只服务于一小群消费者，只使用一个相对独特的细分渠道，可以通过提升投资效率来获得相对不错的利润。但品牌要想长期生存，必须跨越市场的鸿沟，把成为强品牌作为自己的目标。

品牌价值增长的基本路径

　　弱品牌如何成长为强品牌？图 11- 2 描述了弱品牌价值增长的基本路径。

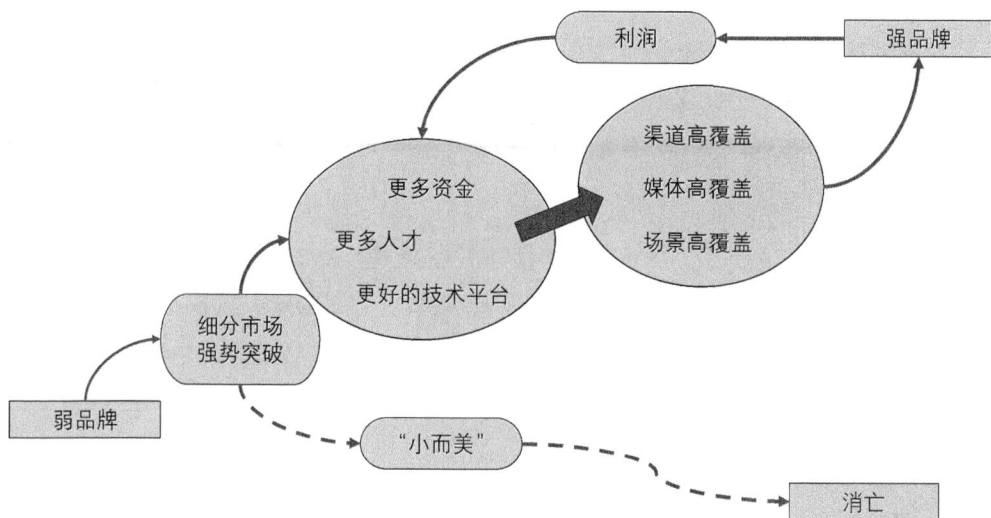

图11-2　弱品牌价值增长的基本路径

　　品牌要在细分市场中实现突破，通过营销传播证明自身优势，获得消费者的认可以及相应的市场份额。当品牌成长达到一定规模后，基于高规模效应，品牌在媒体渠道采买、人才招募、供应链 / 生产链的控制上，都将有更强的竞争力，也有能力为市场提供更好的产品 / 服务，从而获取利润。此时只要执行前文所论述的策略，就不难获得更多的资金、更优秀的人才，从而构建更强的平台……

弱品牌迈向强品牌的第一步，是在细分市场强势突破。这里面有两个重点，一是抓住细分市场，二是强势突破。抓住细分市场是指品牌的形象、定位、地域、渠道都要清晰；强势突破是指品牌需要在此细分市场加强投入，战胜竞争者，最终成为这一细分市场的头部品牌。

成为强品牌的第二步更加关键：总结在细分市场获得成功的经验，建立更有效率的内部系统，并获得更多的资金、更多优秀人才，以及架构更好的技术平台，这些都是品牌发展的助力。

弱品牌到强品牌的第三步，是贯彻场景高覆盖、媒体高覆盖、渠道高覆盖策略，让品牌占有更广泛的消费者心智、消费场景和渠道。当做到了这一步，品牌在行业中已经是相当耀眼的存在。

然而，一旦弱品牌在细分市场上无法实现突破，即便被认可是一个"小而美"的品牌，也会因为无法在竞争中得到有优势的资金、人才与技术，最终被那些强品牌战胜。这一规律已经在很多行业中被验证，其背后是经济规律在发挥作用。强品牌必然会朝着最大、最强、最高、最能控制市场的方向发展。从长线来看，强品牌一定会呈现"越战越强，强者更强"的状态。从BrandZ™发布的数据中也可以看到，强品牌的市场价值在持续增长。

纵观历史，品牌的消亡是一个大概率事件。比如，智能手机发展到现在，在新品牌入局的同时，也不断有旧品牌出局，乐视、波导、夏新、天语、朵唯、迪比特、锤子、坚果等品牌都曾经占有过一定的市场份额，获得过或高或低的关注，但最终因为各种各样的原因，没能成为领导者，遗憾地退出市场。

不仅是弱品牌，某些在行业中已经获得领导地位的品牌，在市场发生变化时，如不能紧跟趋势做出调整，也极有可能丢掉市场份额，被后来者替代，我们最耳熟能详的例子之一莫过于手机市场中曾经的霸主诺基亚、爱立信和西门子了，这些曾经的强品牌，在中国市场逐渐淡出了消费者的视野。

不断延展与拓张是强品牌的长存之道

逆水行舟，不进则退。品牌如何避免消亡？弱品牌的方向是成为强品牌，那强品牌的方向又是什么呢？答案是不断拓展"赛道"，通过在更多的领域做大、做强，增强自身竞争力，延长品牌的寿命。这也是为什么越来越多的强品牌公司，都会做一些看起来"不务正业"的投资，比如格力造手机、小米造汽车，等等。

通过拓展业务领域来保持生命力的代表是雅马哈，可以说它是全世界最"不务正业"的品牌之一。说起雅马哈，多数人会首先想到摩托车，对音乐有些了解的人会想到电子琴等乐器，这中间是不是有什么误会？并不是，这些产品都是同一个雅马哈的产品。

1889 年，雅马哈风琴制造公司正式成立，十几年后，雅马哈开始制造钢琴，并且进军整个乐器领域，吉他、提琴、鼓、大小号、电子琴……很快几乎所有主流乐器市场都被雅马哈攻占，雅马哈成了绝对的领导品牌。此后的雅马哈并没有止步不前，基于做电子琴的经验，雅马哈掌握了数字信号处理技术，于是开始生产路由器。同时基于木材乐器的制造经验，它开始做家具和造房子，打造出了"雅马哈度假村"。在家具生产中，它又顺便把发动机造了出来。有了发动机，又开始造摩托车。1954 年，雅马哈推出了首款摩托车产品，还获得了日本摩托车赛冠军，雅马哈摩托车从此走向世界。之后，"不安分"的雅马哈开始造游艇、造浴缸、造水滑梯，还生产出了带音响的豪华浴缸。在生产了这么多产品后，雅马哈进入材料领域，开始制造高尔夫球杆、网球拍、弓箭和滑雪板等。这样一个成立超过百年的品牌，通过不断拓张，不断进入新的领域，实现了品牌的长久生存。

相反的故事发生在我们比较熟悉的线上图书销售行业。当当网曾经是市场中无可争议的强品牌，然而，在众多互联网品牌都不断扩大业务范围时，当当网并没有成功地拓展出其他优势业务，而老本行线上图书销售的市场份额也不断被挤压，最终在这一领域中被竞争对手慢慢超越。

延伸思考

1. 在你所熟知的行业中，有哪些品牌消亡了？其背后原因是什么？

2. 假设你的品牌已经获得行业领导地位，下一步该做什么才能保持长久活力？

第二部分
数字时代品牌增长新行动

在本书的第一部分，我们对数字时代品牌增长的相关知识进行了系统梳理。可光有理论上的认知还不够，还需要有基于认知的行动。在本书第二部分，我们将对品牌如何行动提出指导和建议。

打造成功品牌的行动计划需要遵循科学的逻辑。

首先我们要认识到，品牌最终是需要与消费者对话，获得消费者认同的，因此行动的首要任务是摸清消费者的特性。

然后是做好品牌管理，把科学管理贯彻到传播、内容、渠道和体验等环节中。在这个过程中，企业要不断评估品牌价值和营销投资，以确保行动正确。

长远来看，中国品牌要持续增长，一定要把走向全球定成目标。在今天，上述一切的实现都需要以企业的数字资产、营销技术为基础。

摸清数字化消费者的特性

"消费者是谁"是营销的首要命题。市场营销人员必须定义并找到目标人群，了解他们的欲望、观念、喜好、行为，甚至他们的说话方式，这样才可以满足目标人群的需求，并有效地和他们沟通。

消费者的需求是不断变化的，这在数字化的今天尤为明显，很容易察觉。如果没有对他们施加影响，他们不会坚持使用同一个品牌的产品。对他们来说，产品／服务的触手可及才是重要的事情，而且品牌信息也需要符合他们既有的认知网络。

拿起手机，几乎每个人都会被海量的品牌和产品信息所包围；当人们被触手可及的广告唤起时，很容易冲动地做出决策。但同时，人们又不太愿意主动记忆信息。品牌要想与消费者建立关系，必须在认知场、购买场和体验场，时时不断地与他们沟通和互动。

品牌共创与品牌理想

营销人员用品牌定义来描述"我是谁"，这也是一个品牌或产品区分自身与其他品牌或产品的重要符号。品牌定义的两个关键策略是与消费者共创和让消费者容易感知。

与消费者共创品牌的方法是，关注消费者的需求，挖掘、理解、迎合消费流行趋势，基于需求和趋势定义品牌，并且即时测试，倾听反馈，把品牌定义嵌入消费者的认知网络。

除了消费者角度的品牌定义，品牌还需要一项内核——品牌理想，这是品牌存在的基本理由，也是品牌的核心价值观。品牌理想不光能指导品牌行为，还能驱动品牌长期增长。

品牌管理的关键环节

品牌传播是为了占据消费者的心智，其行动策略包括：通过规模化传播实现生意增长；依托技术与数据加持，实现精细化的广告投放；加码社会化传播；利用再次传播的价值；把自身打造为平台和生态品牌，来提升自身的传播能力。

内容是品牌的重要载体，品牌想要通过优质内容驱动增长，需要走好3步：一是依据场景创造内容，保障消费者可以在不同的场景中轻松地获取品牌信息；二是开展内容合作，提升传播效果；三是持续维护并优化品牌内容。

数字时代，消费者的认知场与购买场相互融合，品牌需要加强购买场，特别是线上购买场的品牌建设，以占领消费者心智。相应的行动策略是深入研究消费者的线上购买行为、渠道特点、平台规则等，找到品牌和产品在消费者面前呈现的最佳办法。不管是建立合适的品类入口、合理利用平台的规则和算法逻辑，还是在电商站外广告传播中进行导流，目的都是尽可能抢占消费者有限的注意力。

体验是数字时代企业重要的品牌资产，数字时代的品牌需要通过全面感知、敏捷响应和优化决策，构建品牌管理闭环。

持续评估品牌价值和营销投资

营销涉及大量的品牌类投资，尤其是广告，通常是营销投资中费用占比最高的一项。遗憾的是，时至今日，品牌类营销的 ROI 仍然是横亘在所有营销人员面前的难题，业界并没有普遍适用的解决方案。对品牌来说，投资效果的量化和评估是需要长期坚持的行动。做好量化投资要坚持 4 件事：坚持量化测量，确定品牌资产指标，研究品牌营销投资与品牌资产指标间的关系，持续积累品牌数据资产。

在营销投资中，品效之争一直存在。我们需要认识到，品牌声量与销量效果无法简单合一，它们需要在整合的角度进行协同。

数据资产与营销技术

数据在这个时代的价值不言而喻，品牌要做好两类数据资产的管理：一是可分析的消费者数据，二是可触达的消费者数据。在消费者数据资产的应用上，除了洞察和分析消费者，与消费者建立联系，还需要找到品牌的拥戴者和关键消费者意见领袖，驱动消费者成为品牌的传播代言人。

此外，品牌增长离不开营销技术的支持。众多在市场中领先的企业都将自己重新定义为一家技术公司，而不仅仅是一个消费品公司。洞察技术、全域测量技术、营销归因优化技术、广告投放优化技术、内容生产与管理技术、用户管理与营销自动化技术和自有数据整体决策技术，企业只有全面建设和提升应用营销技术的能力，才能为长期发展打好基础。

延伸思考

1. 你认为在数字时代建设一个强品牌，最重要的行动有哪些？

2. 你的企业在过去一年的品牌营销行动中，哪些成功了？为什么成功？

3. 你的企业在过去一年的品牌营销行动中，哪些失败了？为什么失败？

第12章

清晰认识消费者

品牌是企业与消费者对话的工具，它能通过产品 / 服务的优势让消费者记住企业，从而获得消费者的青睐。

曾经有很多营销人员向作者提出这样的问题：营销中最重要的事情是什么？我们坚定地认为，最重要的事情就是搞清楚"我们的消费者是谁"。

"消费者是谁"是营销的首要命题。市场营销人员必须定义或找到目标人群，并了解目标人群的欲望、观念、喜好、行为，甚至他们的说话方式，这样才可以满足目标人群的需求和欲望，并有效地和他们沟通。

数字化的消费者

在弄清"消费者是谁"的过程中，很多营销人员会犯一个错误，就是把自己当成消费者来揣测其心理，自认为能够理解消费者的心思。然而在很多时候，品牌自己定义的消费者画像与实际消费者并不一致，甚至区别很大，这种错误的定位必定导致传播错位，营销效果更无从谈起。

消费者的需求是在不断变化的，而且他们往往有不止一种需求，购买理由更是千差万别，他们经常因为环境以及自身状态的不同而产生不一样的需求。

比如，办公室里的小赵，今天可能想满足味蕾而选择了 A 品牌的奶茶饮料，但下周头脑一热要减肥，转而迷恋上 B 品牌的低热量饮料，到了月底，因为看了一条暖心的广告，又喜欢上了包装好看的 C 品牌饮料。

很少有消费者会从一而终地使用某个品牌的产品 / 服务，特别是在更换成本并不太高的时候。虽然忠实的品牌消费者确实存在，但不忠诚是更普遍的现象。人们或多或少都会尝试新鲜的事物，并且市场上的竞争对手也在不断地"引诱"消费者尝试新的品牌、新的口味、新的包装。只要自身稍一松懈，消费者就会被其他品牌所抢走。

同时，获得产品 / 服务的便捷性也非常重要。大部分消费者是"懒"的，在产品差异不大的情况下，他们仅仅因为方便而购买。比如，虽然我自己更喜欢吃肯德基的炸鸡块，但我家楼下就有一家麦当劳，周末在家休息时，我可懒得去更远的地方吃肯德基，哪怕它只远了 400 米。

消费者都有既定的认知网络。 人们在记忆事物的时候，都是基于心理学的认知网络。通俗来说，就是人们会在记忆中把很多事自然地联系在一起，包括情绪、地点、颜色等。比如，中国的首都是北京，北京的特色美食有烤鸭，国家、城市和食物就连接形成了一个认知网络。再比如，红色在中国代表喜庆，会在春节广泛使用，这是把色彩和节日连接起来形成认知网络。茅台是代表中国的白酒，很贵，是关于品牌的消费者认知网络。当有关品牌的新知识被传递给消费者时，如果和他们已有的认知网络相匹配，这些新知识会更容易被记住。人们建立全新的认识网络（与以往的任何认知没有关联性）是很困难的，基于原有认知网络发展记忆则是相对容易的。

数字化的消费互动场景

正是由于数字时代的消费者体现出了上述特征，所以品牌都在努力增强与消费者的沟通和互动，那么这些沟通和互动应该发生在哪里呢？我们将其总结为认知场、购买场和体验场。

认知场就是消费者知道和进一步了解品牌信息的场所，在过去主要是指广告，而今天的媒体和广告已经遍布人们生活中的各个场景——手机、平板计算机、智能设备、电视广告、户外、楼宇、电影院。不仅如此，认知场也融合在各种形式的内容和信息中，比如影视作品中的植入广告，以及公众号文章中的商品推荐，可以说品牌与消费者在认知场上可互动的触点种类非常多。

购买场在以前就是大卖场、商场 / 超市和小卖店，这时候品牌能与消费者互动的触点就是产品货架和产品包装。今天的数字化购买场主要是电商平台上的网店，每个网店都是一个展现产品丰富信息和可互动沟通的场景，消费者不仅能看到产品介绍，还能看到其他人的评价。

大部分时候，消费者只要拿起手机，通过搜索或扫描二维码就可以下单购买自己想要的东西，甚至是机票、酒店等消费服务。

体验场是消费者与品牌互动过程中的综合感受，其也从过去简单的购前产品试用，延伸到产品使用的全周期中。以前消费者购买家电时谈不上有什么体验，顶多是得到周到的售后服务。但今天你购买一台智能冰箱后，可以与品牌随时随地互动，还可以通过手机 App 看到冰箱的使用状况，预设冰箱温度或时间。那些做得更好的品牌，甚至能给你的手机发来及时的提示，叫你补充食物……这种体验已经覆盖消费者使用产品 / 服务的全周期。

用数字化技术给消费者画像

技术的发展不仅仅改变了消费者，也为营销人员更好地"描绘"消费者提供了帮助。有了大数据的支持，品牌对于消费者的理解更加生动、全面和深刻。

从模糊的整体，到清晰的个体

以前，营销人员眼中的消费者只是个模糊的群体定义，如年轻时尚的一二线城市女性、中年高收入男性。但在数字时代，潜在消费者是更清晰的、可被描述和触达的个体，如北京近 3 个月看过某节目的、有宝宝的高收入妈妈。受众越清晰，营销人员的工作要越精细。同时，科学的营销方法和技术也使营销效率提升成为可实现的目标。

消费者画像是动态的

不管是通过各种电商平台、内容平台还是企业自有的数字化平台，我们都能够通过累积消费者数据，对其进行相对精确的描绘，既包括年龄、性别、地域这样的基础信息，也包括他们曾经购买的产品、购买场景以及产品使用信息，还包括他们的其他兴趣爱好、触媒习惯等信息。这些信息被汇总打通之后，能够帮助品牌更准确和全面地理解哪些消费者是自己的目标，他们处于什么样的阶段：是刚对产品产生兴趣，还是已经开始货比三家，或是在思考是否复购？

🔷 将消费者画像应用于营销

利用大数据画像技术获得的信息能够帮助品牌了解消费者的属性，而通过 lookalike 相似人群拓展技术可以去寻找相似的潜在消费者。比如通过大数据画像，品牌明确了某个目标人群，那么把这群人的特征放到其他场景中，利用机器学习 lookalike 技术，可以得到更多的目标人群，以此作为广告投放的受众。

凭借数字化技术，品牌有能力对不同的受众进行寻址、定位和重新触达，这给品牌提供了更精准、更高效的多次触达机会，从而影响那些对品牌有高度兴趣的人，促使他们做出购买决策。

营销技术能帮助我们理解消费者，并且能够将这种理解转变成人群拓展、重新定向等行动方案，最终提升营销效果和效率。

延伸思考

1. 你认为除了本章总结的以外，数字时代的消费者与以前相比，还有什么其他特征？

2. 你所熟知的品牌在营销中应用过哪些新鲜的互动和沟通场景或触点？效果怎么样？

3. 你所熟知的品牌使用过哪些新的营销技术来"认知和洞察消费者"？有什么成效？

第 **13** 章

与消费者共创品牌定义

"品牌定义"新起点

营销人员用品牌定义来描述"我是谁"，这也是一个品牌或产品区分自身与其他品牌或产品的重要符号。

同样一种产品，如果某品牌在功能上和其他品牌没有区别或难以区别，那么就只有通过品牌定义来描述和突出自身的特点，建立可识别性。比如，A 品牌、B 品牌和 C 品牌的果汁可能都不含糖，都能解渴，这样它们的功能就没有明显的不同。但在品牌定义上，它们可以具备很多种可能性：比如，A 品牌果汁的原料产地有优势，B 品牌果汁是无任何添加成分的，C 品牌果汁的包装时尚有趣，等等。

由此可以看到，产品 / 服务加上品牌定义，形成了完整的品牌。

品牌定义一旦被确认，将成为该品牌行为的重要依据，以及品牌的重要资产。品牌定义的过程分为两个阶段。

第一阶段，是营销人员给品牌下一个定义，确定品牌可以做什么，不可以做什么。每个企业都对自身的品牌有所定义，定义的方式也五花八门。比如，以下一些新兴的品牌，有着不同的品牌定义。

花西子：东方彩妆。

喜茶：灵感之茶。

茶颜悦色：做一杯有温度的茶。

7 分甜：杯装杨枝甘露的创造者。

MAIA ACTIVE ：亚洲女性的时尚健身服饰品牌。

樊登读书：更少时间，更多知识。

好欢螺：凭良心专注做好一碗粉。

自嗨锅：自热火锅界真正的火锅。

李子柒：东方美食生活家。

营销人员做品牌定义，需要回答以下问题：我是谁，我给哪些消费者提供怎样的价值。

然而现实情况是，这些定义在很多时候只是"自说自话"而已，它们并不是真正得到消费者认同的品牌定义。比如，一个面向消费者的企业对品牌的定义可能是健康的、高端的，一个面向服务的企业对自己品牌的定义是科技领先的。但企业真能做到自己所说的吗？这些定义能正确地传达给消费者（客户）吗？

第二阶段，是让消费者感知到品牌定义。

消费者在接收品牌信息、体验品牌服务或使用产品的过程中，形成了对品牌特征的认知，这才是消费者感知到的品牌定义。

企业都希望自己的品牌定义和消费者真正感知的品牌定义是统一的，这不但意味着品牌营销和传播上的成功，更意味着品牌定义能为消费者所接受和认同。但事实上，双方理解的差异却是普遍存在的。原因无他，要么是自己的传播工作不到位，要么就是消费者根本就很"懒"，不愿意主动记忆那么多品牌的信息。

曾经有一阵各个服装品牌都会强调自己是一个年轻时尚的品牌，但最终是不是真实现了这样的品牌定义呢？这完全取决于消费者的认知。自认为"年轻时尚"却被消费者视为"老气横秋"，这样的品牌并不少见。

只有当企业传播的品牌定义和消费者的认知相匹配的时候，消费者对品牌的感知才更容易建立起来，并且印象更加牢固。

品牌定义是如何传播给消费者的呢？其载体是和消费者的感知能力——视觉、听觉、味觉、触觉、嗅觉——紧密联系的，消费者通过全面的感受来体会"这是个什么样的品牌"。当然，受限于传播的条件，最常见的传播载体要服务于人的视觉和听觉，具体的呈现往往是一句话或一些短语（口号），以及一种能代表品牌的颜色和包装等。无论是哪种呈现方式，品牌定义的实现都要落到消费者认知中，也就是这个品牌要与某些特定的关键要素产生关联，让消费者描述这个品牌时会使用这些要素。

看清消费者的"真面目"

品牌定义必须被消费者感知，那么既能准确体现品牌的差异性和特征，又能为消费者感知和认可的品牌定义需要如何传播呢？让我们先来回顾几个关于消费者的真相。

消费者不会主动关注你的品牌。更多时候，他们只会关注自己的需求。在买方市场，消费者面临无数选择，不要指望他们认真研究和记忆每个品牌的特征。

消费者不会记忆复杂的信息。消费者很"懒"，也没有精力去记忆复杂的信息，少量的沟通（只有几次）很难给他们留下印象。

消费者是善变的。人都有好奇心，愿意尝试新的事物。而市场上不断出现的品牌和宣传，会吸引消费者的注意力。

消费者心中的品牌有独占性。在同一个品类中，如果几个品牌定义相近，没有明显差异，消费者会遗忘或放弃其中一个。

数字时代的消费者有很强的解构品牌的能力。数字化媒体环境中的品牌信息不再是单向传播，当面对品牌的"自卖自夸"时，有时候消费者也会解构，当消费者对品牌的定义进行了反向解构，可能会让品牌下不了台。

如何与消费者共创品牌定义

看清了消费者的"真面目"后，我们提出了品牌定义的两个关键策略：与消费者共创和让消费者容易感知。

🧊 与消费者共创

充分利用数字时代品牌与消费者之间可沟通、易互动的优势，聆听消费者的声音，让他们参与到品牌定义的活动中来。

首先，企业不能只凭自己的想象来定义品牌，必须在品牌定义中突出本品类或本产品具备的消费者所关心的价值点——是服务、价格，还是健康？把这些思考融入品牌定义，避免品牌定义过于空泛，与消费者的需求脱节。

其次，要挖掘和理解消费趋势。20 年前流行的品牌定义要么是经济实惠，要么是昂贵高档，那时候洋品牌更受欢迎，因此很多品牌要起洋气的名字。今天，国产品牌备受国人追捧，有科技感和文化感的品牌更受欢迎。

最后，也是最重要的是：即时测试，倾听反馈，与消费者共创，通过测试把品牌定义嵌入消费者认知网络。如今的消费者不会被浮夸的口号所迷惑，品牌必须运用营销技术（MarTech）获取消费者反馈，看品牌定义是否能引起消费者共鸣。

普通的消费者是否能正确回述品牌的特征？品牌要充分利用消费者的解构能力和创造能力，鼓励他们参与品牌定义的共创。挖掘和选择真实的消费者，以及具有创造力和传播力的种子消费者进行合作，最终目的是创造出既符合品牌目标又易于传播的品牌定义。消费者给品牌取的有趣昵称，就可以在传播中充分运用。

除了上述策略，在品牌定义共创上，也离不开以下营销技术手段。

舆情监测与聆听（social listening），用于倾听消费者需求，挖掘消费趋势。

市场研究洞察、概念敏捷测试、灰度测试，用于快速测试消费者对品牌定义的接受程度、反馈信息和调整建议等。

消费者社区数字化运营，用于观察品牌定义在消费者中的传播情况，发掘和孵化有潜力的种子消费者，并与其建立合作关系。

🔹 让品牌易于被消费者感知

要让品牌定义容易被消费者接受、记忆和传播，具体的策略如下。

品牌定义差异化。市场很拥挤，竞争很激烈，每个品牌都在发声，凸显自身的定义和特征，但总会有某个领域，里面的品牌声音不够强，尚未占据消费者的心智，品牌就是要挖掘出这样的领域和要素，并占据位置。比如，同样是奶产品，特仑苏对"3.3 克乳蛋白"的定义，并非其独有的产品功能特点，但被挖掘出来进行包装和强调后，就成为独特的品牌定义。

围绕消费者五感，全面构建品牌定义表达符号。特别是要用好视觉和听觉元素。要知道，颜色是有情绪的，能代表品牌的调性；声音也是非常容易形成独有印象的呈现方式，如英特尔那独有的短音旋律。此外，以人的形象定义品牌，也是被普遍采用的一种表达方式。

品牌定义的信息一定要足够简洁，易于记忆，还要通过多场景、高频次的沟通，达到强化消费者记忆的效果。

经典案例——与消费者共创品牌新定义

百威是专注于中国高端啤酒市场的啤酒品牌，一直以来非常注重对消费者消费需求和购买习惯的追踪。2020 年，百威敏锐地观察到这样一种现象：随着啤酒品牌的增多，中国市场上的啤酒消费者开始尝试更多的品牌。

客观的事实是，喜力、嘉士伯、青岛、雪花等品牌都在高端产品上不断发声和发力，试图抢占更多的高端啤酒市场份额。正是这些品牌在消费者中不断增强其影响力，给市场上原本占有优势的百威带来了巨大的压力。

目前，百威虽然仍保持着中国市场中的高端领军品牌的地位，但也需要不断地向消费者传达品牌有意义的差异化。目前，百威面临的更直接的威胁是，品牌调研数据显示，百威在中国消费者心中并不具备不可替代的优势。

2020 年，百威在中国市场展开了品牌重新定位的研究项目，以调研、访谈、舆情分析等多种方式，倾听与收集消费者的声音和反馈，挖掘自身有意义的差异化，为产品定位和市场传播策略提供支持。通过这项活动，不同的产品明确了各自独特的定位，以满足不断变化的消费者需求，同时保持与母品牌百威的紧密联系。

根据研究项目的成果，针对不同消费者的需求场景和需求心理，百威在产品端推出了针对有意义的时刻（meaningful moments）的百威金尊、主打强烈口感的百威魄斯、满足消费者不断变化的口味需求的百威果啤，以及专门针对新一代年轻消费者的百威昕蓝。这些产品与百威经典产品一起构建了新的产品矩阵，不但满足了各类消费者的需求，同时也让其品牌定义与其他品牌间形成了显著的差异。

百威在 2020 年对品牌进行的重新定义，到 2021 年就开始收获令人鼓舞的成果，百威全球经营数据显示，2021 年一季度收入增长 90% 以上，而且全球的增长主要来源于中国市场。

百威能在不确定的市场环境下获得这样的成绩，与其时刻倾听消费者声音，并快速做出行动密不可分。由此可见，关注消费者需求，把消费者的意见纳入品牌定义共创，挖掘和理解消费趋势，即时测试，倾听反馈，是品牌保持增长和活力的重要前提。

延伸思考

1. 你的企业的品牌定义是什么？

2. 你见过哪些与消费者共创品牌定义的成功案例？

3. 你认为与消费者共创品牌定义，还可以通过哪些具体途径实现？

第14章

品牌需要有理想

除了站在消费者的角度与消费者共创品牌定义，品牌还需要精神内核，这就是品牌理想。品牌理想是品牌存在的理由，为品牌的行动提供指导。

提到"品牌理想"，很多人会将其与品牌营销话术对等，认为它是企业为了博得消费者和社会青睐而创造的营销口号，是难以兑现的"空头支票"，而非切实践行之举。

品牌理想是行动的根本准则

如果企业对品牌理想的理解仅仅浮于字面，且不知道如何将品牌理想贯彻到经营实践中，那么它提出的品牌理想就是个脱离实际的口号，从而让消费者对品牌理想产生错误的认识，将其视为品牌营销话术。

通过分析我们发现，产生这一错误认识的原因主要有 3 点。

- 企业对品牌理想的概念缺乏准确而全面的认识。

- 企业不知道如何建立明确且适合自身的品牌理想。

- 企业不知道如何在实际经营活动中践行品牌理想，并通过品牌理想指导经营实践。

那品牌理想究竟是什么？是一个宏伟高深的概念吗，还是完全利他主义，是企业的社会责任？

宝洁前 CMO（Chief Marketing Officer，首席营销官）吉姆·斯登格（Jim Stengel，又译作吉姆·施腾格尔）在其著作《增长力：如何打造世界顶级企业品牌》（机械工业出版社出版）中指出：

"品牌理想（brand ideal）是企业存在的基本理由，也是其给世界带来的更高层次的回报……在商业环境中，品牌理想并非利他主义或企业社会责任，而是阐述企业存在的基本理由和增长的动力。"

后来，品牌战略咨询机构凯度在吉姆·斯登格定义的基础上，对品牌理想的概念进行了完善和延伸：

"品牌理想是一种对企业自己将如何通过某种途径让世界变得更好的差异化的、品牌相关的、合乎道义的清晰论述。"

品牌理想是解释企业为什么存在的基础，也是企业品牌建设的第一步。企业只有先树立清晰、明确的品牌理想，才能在品牌理想的指导下，确定恰当的品牌战略，在经营活动中不断改善人类生活，让世界变得更美好。

品牌理想驱动企业长效增长

2010 年，通过与华通明略（现更名为凯度）合作，吉姆·斯登格从 BrandZ™ 数据库的全球 5 万多个品牌中进行筛选，最终锁定了增长最快的 50 个品牌。这些品牌涵盖了各个业务类别，品牌价值远远超过竞争对手，还以更快的速度实现了更大的商业价值增长。

通过对 50 个品牌在 2001 年至 2010 年间的表现进行深入分析，吉姆·斯登格发现：品牌理想在驱动高增长企业提升经营业绩，促进消费者的购买行为及其对品牌的支持方面，具有正面的影响。

10 年后，凯度发布的 "2020 年 BrandZ™ 最具价值中国品牌 100 强" 排行榜再次以数据印证了斯登格的上述结论。上榜的最具价值中国品牌在 BrandZ™ "品牌理想" 指标上的得分高于所有品牌的平均值，这证明品牌理想与品牌价值之间具有高度相关性，它能深刻地影响品牌的价值增长（图 14-1）。

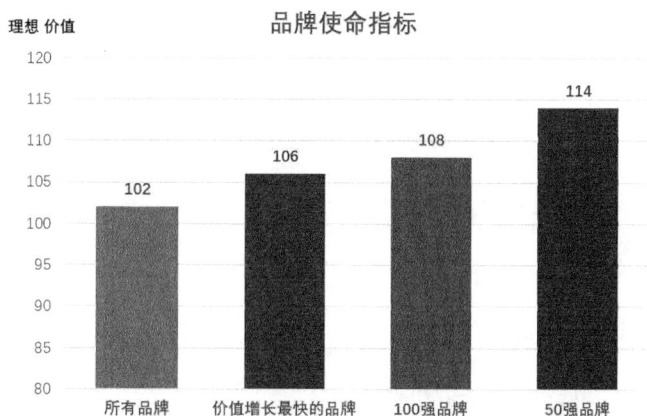

图 14-1 强品牌有更强的品牌使命（数据来源：凯度集团）

品牌理想要满足消费者的五大需求

通过分析归纳，斯登格还发现，除了驱动高增长企业提升经营业绩，这些领先品牌思想的内核都是"改善人类生活"，具体又可分为人类需求的 5 个方面（可称为五大需求）。

- 激发愉悦：激发快乐、好奇和无限可能性的体验。

- 建立联系：以有意义的方式加强人与人沟通、融入世界的能力。

- 激励探索：帮助人们探索新领域、追求新体验。

- 唤起自豪：增强人们的信心、力量、安全感和活力。

- 影响社会：广泛影响社会，重新定义行业领域。

在实践中贯彻品牌理想

品牌理想是围绕"改善人类生活"这一基本价值展开的。改善人类生活的品牌理想能够持续有效地召集企业、凝聚和激励各方（如员工和客户等），也是持久连接企业员工核心信念和客户基本价值的纽带。

那企业如何建立清晰的品牌理想，并在实践中一以贯之呢？是否有可遵循的规律？

要发挥品牌理想的作用，企业有 5 件事情必须做。

- 在上述人类五大需求中确定一个目标。

- 围绕品牌理想创建组织文化。

- 与相关员工和消费者沟通品牌理想。

- 传递近乎理想的消费者体验。

- 依照品牌理想评估工作和员工。

最为重要、也最为基础的，便是发掘或重塑品牌理想。要做好这一点，企业需要注意两点：一是以人类五大基本价值领域作为目标，二是选择契合企业自身特性的品牌理想。

尽管品牌理想需要从人类的五大需求出发，但这并不意味着企业的品牌理想必须是宏伟的，事实上，无论是宏观上还是微观上，能够改善人类生活且契合企业自身的品牌理想才是最为恰当的。

那怎样的品牌理想是契合企业自身的呢？

品牌主可以从 3 个角度审视自身，并寻找它们之间的共同点，以找到清晰且契合自身的品牌理想（图 14- 2）。

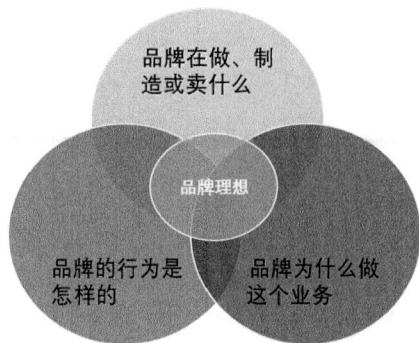

图 14-2 品牌理想的来源

一是品牌的主业。想想品牌为社会所提供的产品／服务涉及哪些要素，包括生产部门、人力资源、原料、包装、公司使用的土地等。

二是品牌为什么做这个产品／服务。品牌为谁而创立？品牌满足了消费者的哪些显性或隐性需求？产品／服务对消费者的情感和实际需求产生了哪些影响？

三是品牌的行为。品牌的价值观是什么？如何用简单的一句话来评价品牌？

好的品牌理想的标准也很简单。

- 它努力解决消费者关心的问题。

- 它能让消费者以有意义的方式参与进来。

- 它与品牌的业务和经营模式有关联。

明确品牌理想的重任往往落在品牌创始人或初始团队身上，他们必须找到品牌能够长久激励或打动人心的价值。原则上，品牌理想不需要追求独一无二，因为真正的精神理想往往是互通的，但落在自身产品 / 服务上时，可以体现出差异性。

有了品牌理想，如何能在实践中一以贯之，让其发挥作用？我们需要把握以下原则。

首先，企业需要在文化建设、经营管理、产品设计和沟通传播的所有环节，把品牌理想当成核心原则来遵循和体现。在设定品牌理想后，企业需要围绕它去创造企业文化，还要让企业组织内外的人都理解并围绕这个理想来奋斗。

其次，品牌理想要能被评估。企业要不断评估所做过的，包括投资、产品、传播和服务是否与品牌理想相匹配。比如，可口可乐的品牌理想是激发愉悦、带来快乐，我们可以感受到，可口可乐品牌的文化传递、产品包装、消费体验都会围绕此核心。品牌理想应遵循品牌最核心的价值观来规范与优化品牌的行为和选择，让品牌的发展具有精神内核上的一致性。

最后，品牌理想需要持之以恒。企业在发展过程中经常会迷失方向，比如面对短期赚钱的目标和长期的品牌理想目标，企业要思考哪些事值得做，哪些事不能做。假如方向不明确或反复无常，品牌资产就会受到损伤甚至消亡。

经典案例——引领国潮时尚的专业运动品牌

"2020 年 BrandZ™ 最具价值中国品牌 100 强"排行榜中，"李宁"这个熟悉的名字格外引人关注。作为 2020 年 16 个新上榜品牌之一，李宁入榜证明了其品牌转型的成功。

当李宁是一名体操运动员时，他代表的是中国，他的理想是为祖国争夺冠军。当"李宁"作为一个品牌时，它代表什么？又拥有什么理想？

作为体育品牌，李宁品牌以"用运动燃烧激情"为使命，致力于专业体育用品的创造，努力让运动改变生活，追求更高境界的突破。李宁品牌秉承"赢得梦想""消费者导向""我们文化""突破"的品牌核心价值观，致力于成为**源自中国**并被世界认可的，具有**时尚属性**的国际一流**专业运动品牌**。

从 2015 年起，在创始人李宁的带领下，李宁品牌步入新一轮发展元年，开始一系列新尝试与新探索。

近年来，伴随大国崛起，文化认同与民族自豪感成为我国全年龄段的主流情感，在年轻群体中呈现明显增强趋势，中国风格的时尚元素有望吸引全球目光。李宁品牌敏锐地洞察到了这一点。越来越多年轻人认同的价值观与品牌现有消费主群体的价值观高度契合。基于共同的价值观，李宁品牌在产品设计上加入中国元素，并且开展了一系列营销活动，将运动时尚与民族文化深度融合，打造年轻化品牌"中国李宁"，既留住了主力消费人群，又为品牌赢得了年轻人群。

2018 年，李宁借"天猫中国日"首次登上国际时装周舞台，全新的品牌形象和设计风格惊艳世界，以"悟道"为主题的潮牌系列产品引发现象级曝光和热议。

在后来的 3 年里，李宁品牌与红旗汽车、《人民日报》跨界合作了多款联名潮品，推出城市主题系列"少不入川、长安少年"，还在品牌成立 30 周年之际举办"三十而立·丝路探行"活动。

2021 年百度指数"李宁"一词的 TGI（Target Group Index，目标群体指数）显示，29 岁以下年轻人的 TGI 明显超过 29 岁以上人群，这表明李宁品牌已经实现了自己的目标。

新品牌理想指引下的"中国李宁"作为国潮引领者，市场业绩亮眼，2017 年到 2020 年，李宁公司连续 4 年实现增长，其中在 2018 年销售额突破 100 亿元，2019 年净利润增长 119%，并且即使在 2020 年仍然保持了惊人的增长。

延伸思考

1. 你所在的企业是否有品牌理想？

2. 你所在企业的品牌理想是否与自身业务和经营模式有关联？

3. 要实现企业的品牌理想，你在消费者沟通或产品的生产设计上需要坚持什么？有什么可以改善的地方？

第 **15** 章

品牌传播管理

品牌传播也叫品牌沟通，指的是将品牌下的产品/服务的特点、作用、场景通过一定的途径传递给消费者。大多数时候，消费者也是通过品牌传播来认识和熟悉品牌的。大家可以简单地将品牌传播理解为各类媒体上形形色色的广告，数字时代最有代表性的品牌传播媒体是社交媒体和自媒体。

作为企业触达并影响消费者的核心手段，传播对于品牌的重要性不言而喻。良好的品牌传播不仅能帮助企业高效地传递品牌信息，更能在消费者心智中持续构建和优化品牌资产。

无论在什么时代，品牌传播都是企业品牌建设中绕不开的关键环节，其最终目的在于驱动企业生意增长，而扩大传播覆盖的目标人群并促进其消费决策便是其中的核心。

"虏获"消费者的心

要让消费者知道品牌，并且要其"心有所向"，建立良好的第一印象非常重要。品牌在追求点击、下载、下单和购买等消费者行为的基础上，还需要针对已有消费者进行二次甚至多次传播，建立起消费者的行为忠诚（图15-1）。

认知 ➡ 喜好 ➡ 行动 ➡ 忠诚

图15-1　消费者与品牌的行动模型

在不同时代，品牌传播往往呈现出不同的特性。技术的发展和时代的变迁，让"老生常谈"的品牌传播在实现方式上变得常谈常新。

凭借电视、广播等大众媒体渠道，品牌通过大规模的广告投放占领了我们上一辈人的心智，那时候的广告一度成为品牌传播的代名词。而随着互联网技术的不断发展，其双向、去中心化、一切互联的特点改变了品牌传播的形态。今天，品牌传播的核心要素——如传播媒体、目标人群、传播内容——发生了深刻的变化。

如今，大水漫灌式的广告投放虽然还能发挥一定的作用，但它不再是唯一有效的营销手段。品牌有着更多样、更精细化的传播方式，只有根据传播媒体、目标人群和传播内容等核心要素的变化制定科学的品牌传播策略，企业才能实现生意增长。

回顾过往，我们发现现今的品牌传播出现了 3 个新趋势。

- 依托数据技术，广告投放更精细，传播效率不断提升。

- "社交"成为重要的元素，广告主更看重社会化传播。

- 不同品牌在传播策略上各有侧重，领先企业"修炼"出了强大的传播力。

规模化传播助力增长

尽管数字时代的品牌传播发生了深刻的变化，但不可否认，广告投放仍是品牌传播的重要形式之一。英国传播学家丹尼斯·麦奎尔（Denis McQuail）认为，在传统大众媒体与网络新媒体并存的当下，相当多的人仍然是以传统的目的、传统的意识和传统的方式来使用新媒体，旧有的传播模式和受众形态仍会延续。

典型的例子就是，近些年在中国市场中出现的众多新锐品牌，在初始占领市场阶段，往往会大规模采用家庭电视、户外大屏幕 / 广告牌、楼宇电梯间海报 / 电视等方式投放广告，让消费者建立认知。大家或多或少都能在公司或小区电梯里见到二手车平台、打车软件等广告。

不同于大众媒体时代一对多的单向传播，现在的品牌广告投放有更多的数据能力和技术手段可以应用，这让品牌有能力权衡广告的覆盖范围、频次和精准度，从而制定更加精细的策略。

从去中心化、多元化，到碎片化甚至粉尘化，媒体面对的消费者的注意力越来越分散，注意时间也大大缩短。明略科技《2020 消费者触媒行为研究报告》中的数据显示，人们日均接触的媒体类型达到 4.4 个，周均为 7.1 个；手机、计算机和电视三大屏端中，手机端整体渗透率最高，其中社交（朋友圈和微博）、资讯、短视频 3 类渗透率最高。

媒体粉尘化使得品牌难以通过大规模的广告投放实现对目标人群的集中触达。在数字时代，品牌传播需要制定合理的跨媒体、跨屏的广告投放策略，并通过媒体数字化测量来指导科学组合，最大化提升对目标人群的触达。

依托数据技术，实现精细化广告投放

媒体粉尘化不仅增加了传播覆盖的难度，也使得消费者的注意力愈加分散和短缺。也许大家都有体会，我们现在想要获取信息简直太容易了，于是自己变得越来越"懒"，越来越"不记事"。在此情况下，除了跨媒体、跨屏投放外，在品牌广告投放时还需要进行科学的频次控制，保证目标人群能对广告形成有效记忆。

根据经典的 3+Reach 理论，传统电视广告播放 3 至 5 次就可以达到足够的效果，而在数字媒体环境下，结合品牌新旧、信息复杂度等影响因素，3 至 10 次是比较合理的频次区间。

数字新思科技有限公司（简称数字新思）曾在一项实验中发现，投放频次是一个需要根据不同因素和受众动态调整的变量。对于有认知基础的成熟品牌来说，3 次触达较合理，但是对新品牌或新产品来说，需要更多次的触达。

精准是品牌广告投放的精髓。大众媒体时代的电视、广播广告投放，目标人群只能细分到年龄和性别这一层级，因此投放效率和 ROI 都较低。当前，品牌在广告投放前，已经可以通过 DMP（Data Management Platform，数据管理平台）/CDP（Customer Data Platform，客户数据平台）数据平台工具，对广告投放的目标人群进行圈定，提升了投放的触达精准性和投放效率。

消费者触媒习惯、投放反馈等过程都可以进行精确监测。利用大数据技术，品牌可以更清楚地了解消费者的行为和关注点，通过精细化的投放和传播管理，不断提升传播效率，驱动企业生意增长。

社会化传播的价值

丰富的信息不仅赋予消费者在购买决策中更大的主动权，同时社交媒体也在不断放大消费者的个人力量，影响其他消费者的购买决策。就拿笔者自己来说，我们不光要看看其他消费者的评价，还会去问问身边已经买过的人的意见。

伴随着社交、短视频、电商平台之间的界限逐渐模糊，消费者越来越容易在社交内容的影响下，通过社交媒体渠道下单和付款。在这个过程中，消费者或主动或被动地接触到了新品牌和新产品。

现实已经给我们指明了营销的方向，除了单向的广告投放，品牌还需加大对双向互动的社会化传播的布局。

- 开辟自己的社会化传播阵地，在微信公众号、微博、抖音、小红书等社交平台建立自有媒体（owned media），创造优质内容，与目标人群进行有效互动，并持续运营和管理。

- 签约代言人或付费媒体（paid media），提升品牌传播效果。

- 开展异业合作联名推广或品牌赞助，增加品牌曝光度。

- 通过社交媒体打造自身流量池，以私域流量运营撬动品牌传播和业务增长。

- 尝试直播带货等新传播形式，为品牌传播赋能。

完美日记作为近年来异军突起的国内美妆品牌，社会化传播是其不断增长的重要驱动力。完美日记将小红书作为早期品牌传播的重点平台，一方面通过自创及与大量 KOL（Key Opinion Leader，关键意见领袖）合作，与年轻目标人群形成了深度的互动；另一方面通过与明星、Discovery（探索）频道、《中国国家地理》杂志等 IP（是 Intellectual Property 的缩写，可理解为所有著名文化创意作品）展开联名合作，不断提升品牌曝光量和知名度。通过在小红书、微博等平台建立流量池，基于微信群进行私域流量运营，培养 KOC（Key Opinion Consumer，关键意见消费者）和社交裂变激励机制，完美日记实现了消费者的沉淀，复购率不断提升，在短短 3 年内，便实现了从诞生、成长到上市的飞跃。

需要注意的是，在社交化传播过程中，因为引入了 KOL/KOC，传播的整个过程不再全由品牌自己完全控制，这也对传播的管理提出了更大的挑战（图 15-2）。

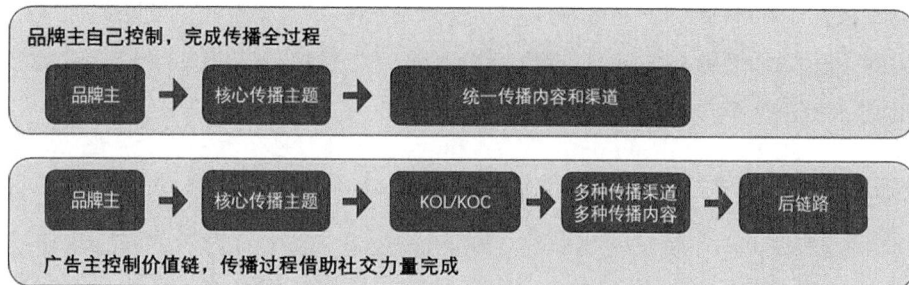

图 15-2 社交媒体传播模型

修炼传播力

对于以成长为品类领先者为目标的品牌而言，比如希望在 3 年内成为市场绝对领导的品牌，需要通过大规模的广告投入，尽可能在短期内占据目标人群的心智，争取获得最大规模的用户数量。因此，大量的广告投入，辅以深度社交传播预算，提升触达率，是实现目标的有效方法。

如果目标是成为品类中某个细分领域的特色品牌，则要专注于提升传播的精准性和有效性，在传播管理上必须做到精细化，减少浪费。建议多使用低成本的社交媒体，结合精准定向或效果广告的中小投资，实现相对较高的回报。

一个品牌在不同的成长阶段，其传播策略和管理方法也需要不断调整，以适应企业的增长目标。领先的品牌在通过传播沉淀了足够的资产后，往往会形成适合自身的传播方式。

美团在品牌传播的第一阶段，通过大规模广告投放，将自身打造成外卖行业的领导品牌。第二阶段，美团基于外卖优势向消费者推广更多服务和功能，助力其向综合服务平台发展。第三阶段，在形成了足够规模后，美团借助自身积累的资源和沟通触点，开始走向媒体化。现在美团的送餐车、帽子都成为美团新的传播触点，美团本身也成为一个接触更多人的媒体渠道，从传播主体变成了传播媒体。

随着数字技术的不断发展，品牌传播的形态和形式也将持续变化，朝着更为精细、高效的方向不断演进。品牌在传播过程中要积极拥抱新方式和新技术，在与消费者的互动和沟通中，以大数据和数字技术洞察目标人群，基于监测和反馈数据，不断调整并优化自身的传播策略，持续构建和优化品牌资产，驱动企业业务增长。

延伸思考

1. 你所在的企业采取了什么样的品牌传播策略？

2. 你所在的企业是否会对品牌传播进行测量，并基于数据调整甚至优化传播策略？

3. 你所在的企业采取了什么样的社会化传播策略？

4. 你所在的企业是否针对不同的消费者采取了差异性的传播策略？

第**16**章

品牌内容管理

内容是品牌的重要载体

近年来，随着市场竞争的加剧，各个品牌都在不遗余力地投放广告，随之带来的恶果是，消费者对广告的排斥心理越来越强，甚至人们为了不被广告骚扰而成为视频平台的付费会员。消费者受到广告骚扰越频繁，心理上被说服打动的门槛也会越高，这已然成为品牌营销工作的头等难题：投入硬广（硬广告的简称）的钱越来越多，但效果越来越不理想。与此同时，"内容营销"似乎正在替代广告，成为品牌营销投资的新宠。

在探讨品牌内容的重要性之前，我们先搞清楚品牌内容的概念和范畴。

我们今天讲的品牌内容是一个广义的概念，品牌向消费者传达的一切信息都可以算作品牌内容，其中有我们习以为常的广告，也有品牌在互联网世界中发布的所有表达品牌理念的信息，在形式上，可以是视频、图片，也可以是文字、音频和音乐等。

内容是品牌传达理念的载体。品牌通过丰富、具体、场景化的内容，将品牌理想、品牌理念和定位等传递给消费者，这样消费者才能对品牌产生感知。

优质的品牌内容潜移默化地与消费者的情感和感官建立联系，不仅让消费者记住了品牌，还能在人群中达到口口相传的效果。更重要的是，打动人心的**品牌内容具有持久的生命力，甚至可以成为品牌资产的重要组成部分。**

不管是腾讯的企鹅形象、诺基亚独特的铃声曲调，还是 20 世纪时人们耳熟能详的广告语"钻石恒久远，一颗永流传"，都印证了优质的品牌内容能在广告投放结束后持久存在，帮助品牌建立知名度、塑造形象，并形成独特的优势。

说到这里肯定大家会问，什么才算得上是优质内容呢？

显然，这里没法给大家一个大而全的答案，但是通过以往的经验，我们发现了优质品牌内容的共性。

优质内容的标准

优质内容不仅能生动形象地传播品牌故事，还能从情感上打动消费者，赢得消费者的信任，最终促进销量的提升。优质内容的标准并非一成不变，而是会根据品牌的自身情况和传播环境发生相应的改变。接下来，我们试图总结一下优质内容的 5 个标准（并未穷尽）。

准确传递品牌核心信息。内容的本质在于让消费者感知到品牌，并与消费者建立有效连接。好的内容是要为品牌服务的，需要准确传递出品牌的核心信息，在消费者心智中形成记忆点。

有效吸引消费者注意力。品牌要抢夺消费者注意力，需要在有限的时间内向消费者传递最为关键的品牌信息，一方面要求品牌内容简洁、逻辑清晰、没有歧义，另一方面要求品牌运用更加生动、立体的内容形式——如音效、短视频——调动消费者情绪。

与场景相匹配。品牌内容从来都不是独立存在的，而是处于场景之中。在不同的媒体场景，面对不同的目标人群，品牌内容需要进行相应的调整，才能达到最佳的传播效果。在内容中融入让消费者身临其境的场景或环境，才更容易打动消费者。

具备易于传播的要素。只有适合广泛传播的内容，才称得上优质内容。在愈发复杂的传播环境下，品牌单向传播的效果大不如前，且随着社交平台的发展，消费者在传播链条中充当的角色越来越重要，能让消费者忍不住转发分享的内容，会产生大规模裂变的奇效。

调性一致，长期坚持。品牌在各个媒体上面对不同的目标群体时，传递的内容可能不尽相同，但需要在保持内容多样性的同时，在关键信息和调性上保持相对一致，避免品牌形象在目标人群心目中变得混乱。此外要特别注意，品牌内容传递是一个持续的过程，应避免内容的前后不一。

以内容驱动增长

信息过载让消费者对广告产生了抵触心理，因此，优质内容对于品牌越发重要。一方面，优质的品牌内容能缓解消费者对营销信息的抵触心理，让品牌与消费者建立积极的互动和连接；另一方面，打动人心的好内容能帮助品牌传递关键信息，驱动品牌增长。

依据场景创作内容

上文提到，品牌内容不能独立存在，要处于场景中，因此，品牌内容的创作也需要适应不同的场景，以确保消费者在丰富的场景和需求路径下，能获取到最适宜的信息。

现在看来，内容场景可分为 3 类：传播型媒体场景、互动型媒体场景和需求型媒体场景。

传播型媒体场景。电视、视频广告是品牌主动传播，消费者被动接受的典型代表，这是过去几十年中被验证有效的传播方式，曾经成就了很多影响力巨大的品牌。针对传播型媒体场景具有强制性的特点，在品牌内容的创作上，创作者务必要以较高的成本保证内容的吸引力，并且需要提前进行广告测试以保障效果。此类内容作为经典的品牌营销内容，在业内已形成了较为系统的方法论和平台标准，在此不多赘述。

互动型媒体场景。对于社交互动内容，首先需要基于品牌定位和目标人群找到主要传播平台，再选择配合传播的平台。比如，在短视频平台上，视频的内容必须要在短时间内抓住消费者眼球，因此，视频的创作要贴近生活，有代入感，否则辛辛苦苦创作的内容就会被淹没。

需求型媒体场景。消费者在有特定需求时，会利用搜索和知识问答媒体寻求帮助或解答。不同于上述两种场景，对需求型媒体场景中的品牌内容而言，最重要的是"易于找到"和"能够解答疑虑"。比如，当消费者需要给汽车选购轮胎时，会在各种媒体平台上提问，这就需要品牌预先充分研究和了解消费者对产品的需求、产品的使用情况和可能提出的问题，并在数字媒体的各渠道中预先准备好答案。

品牌内容的创作要能够适配不同类型的媒体，这样才能真正引起消费者的注意。多样化的内容传播，会潜移默化地影响消费者对品牌的认知，提升品牌的美誉度，最终获得消费者的认可。

🎁 开展内容合作，提升传播效果

除了在社交媒体创作优质内容外，品牌还可以借助外部力量在内容创作上进行合作，如 IP 合作、内容植入、冠名赞助，总之就是利用优质内容引领话题，寻求共鸣，从而吸引消费者参与品牌内容的创作，提升内容传播的效果。白酒品牌江小白曾与爱奇艺《中国新说唱》和《奇葩说》两大综艺节目合作，精准地找到了目标群体，在年轻消费者市场显著地提高了品牌影响力和好感度。

🎁 持续维护并优化品牌内容

在创作并合作相关内容后，品牌还需要根据消费者的反馈和时下热点，对内容进行维护、调整和优化。在技术层面，品牌可通过消费者标签数据和知识图谱了解消费者的偏好，并在创意上予以加持，帮助品牌创作更符合消费者口味的内容。

延伸思考

1. 你认为好内容、优质内容还有什么标准？

2. 你认为现在的消费者喜欢什么样的品牌内容？

3. 你所在企业的内容战略重点是传播型媒体、互动型媒体，还是需求型媒体？

4. 你所在的企业是否采用了数据技术提升内容创作和营销的效率？

第17章

管理渠道与购买场

这一章将聚焦于购买场，探讨购买渠道中的品牌建设方法。需要指明的一点是，本章并不会就如何建设渠道展开详细介绍，而是主要阐述数字时代购买渠道的变化，以及应对这种变化，企业应如何建设和积累品牌资产。

传统购买场以促进销售转化为主

在大众媒体时代，购买场以商场、超市、家庭杂货铺等实体销售渠道为主。在过去，这些销售渠道被宝洁定义为 FMOT（First Moment of Truth，第一真理时刻），是指消费者第一眼看到货架上商品的那一刻。宝洁认为，在这一刻，消费者会根据自己的认知经验，真正接触产品和品牌，最终决定是否购买。

以前，消费者的认知场和购买场是分离的。品牌先通过媒体认知场与消费者进行沟通，让消费者在心智中初步形成品牌印象，然后品牌利用销售渠道——购买场——抓住消费者眼球，在其决策瞬间完成转化。那么如何利用购买场做品牌建设呢？其中最关键的一点是"购买便利性"。

当品牌在认知场中成功地利用广告等传播手段让消费者对自己的产品产生了记忆和渴求后，便需要确保消费者能在购买场买到相应的产品，此时，产品的铺货率、优势货架比例（例如是否摆放在人员密集处、摆放位置高低是否合适等）就至关重要了。另外，促销员的推荐会对销售起到很大的作用（尤其是对于复杂产品，如化妆品、药品等）。

我们不难发现，在大众媒体时代，品牌在购买场中能做的事情主要是促进消费者购买，其中涉及品牌建设的行动和策略较少。

认知场与购买场的融合

随着数字技术的发展，购买场得到了极大的延伸，不仅从传统的商场、超市扩展到电商平台，甚至进一步蔓延到短视频、直播和社交平台中。本具有媒体属性的各类平台与购买场的界限逐渐模糊，消费者很容易就在无处不在的品牌内容的影响下在媒体平台"一键下单"。

具备销售功能的购买场与消费者的认知场产生了融合。如何理解购买场和认知场的融合呢？它主要体现在 4 个方面的变化。

内容层面的变化。过去消费者对品牌的认知主要源自广告，当人们面对货架时，只有产品包装上的有限信息可以参考。而今天，线上购买场中的每件产品都配有图文并茂的信息，连视频介绍都已成为标配，这让品牌可以充分发挥创意，以更有吸引力、更具交互性的方式塑造品牌传播内容。消费者不仅能在线上购买场获取全方位的产品信息，还能直接下单、购买，甚至有时候认知和购买是同步的。

货架发生变化。传统线下购买渠道的货架空间是有限的，尤其是"黄金"位置更是大品牌必争的稀缺资源。相对而言，中小企业由于资金和实力的限制，很难获得优势的位置。相比之下，线上购买渠道因为没有实体空间的限制，我们可以认为它本质上是一个可无限延伸的货架，这便为中小企业赋予了更多的展示机会。与此同时，目前的主流电商平台大多通过 AI 和大数据技术实现了货架的"千人千面"，即对不同的消费者，平台根据其兴趣和需求展示不同的产品，这也为企业的品牌建设提供了新机会，能够为消费者提供更为个性化、定制化的推荐和相对窄众的影响力。

口碑来源的变化。除了品牌对产品的呈现，一些消费者的评论和测评等对其他消费者的购买决策也有很大的影响。比如，电商平台的消费者评价，抖音、小红书、大众点评、微博等平台上 KOL 和 KOC 对品牌与产品的评论或推荐，都会潜移默化地影响消费者的购买决策。

购买行为的变化。过去消费者在线下购物时，往往是有计划的。而在线上，消费者随机购物的比例更高，甚至线上购物已成为消费者的休闲方式之一。秒针系统曾与京东联合开展过一项调研，超过 1/3 的受访者表示，他们在线上购物时事先并无计划，且会购买一些此前并不熟悉甚至不认识的品牌。

购买场的品牌建设

随着消费者购买场和认知场的不断融合，企业在线上购买场中构建品牌成为重要的行动策略。在新营销环境下，品牌不仅要在线上购买场中抓住消费者的决策点，促进购买行为的实施，更需要加强品牌建设，占领消费者心智。

近几年，完美日记、三顿半、蕉内等大量创新品牌相继涌现，我们分析其发展路径不难发现，这些新锐品牌的崛起大多依赖于其在电商、短视频、社交平台等线上购买渠道的品牌建设。对于处在起步和发展阶段的新品牌而言，线上购买渠道是快速打造品牌、实现高效成长的恰当选择。在资源有限的情况下，线上购买渠道的内容传递和货架优势，能够帮助企业在实现品牌建设的同时推动销售转化，这一逻辑对于预算有限的中小品牌也同样适用。

大品牌为了稳固自身的既有优势，则需要加强在线上购买渠道的内容与体验创新，提升传播和转化效果；同时还需特别注意保持线上购买渠道中的品牌传播内容和体验的一致性，通过多触点的多次触达和协同传播，做到品效兼顾。

然而，尽管线上渠道在理论上拥有无限的货架，但消费者的注意力只能局限于少数页面。因此，无论是新品牌、中小品牌还是大品牌，都必须深入研究消费者的线上购买行为、渠道特点和平台规则等，找到适合自己的营销方法。以下是一些基本操作，可供大家对照参考。

建立合适的品类入口。消费者有很大的概率通过平台本身的品类入口来挑选产品，尤其是不确定某一款产品的时候，比如小王想买显卡，他就会通过电商平台左侧的"电脑"入口进入"显卡"页面。为此，企业可根据自身产品和品牌的特点与属性，进行适当的品类创新，或与平台谈判共建新品类，这样做在增加消费者选择的同时，也能从品牌层面构建有意义的差异化。

合理利用平台规则和算法。研究消费者搜索品类或产品的关键词逻辑，结合平台规则和算法逻辑，在产品名中添加相应的产品属性和关键词，以提升产品在平台页面的排序；利用平台的推荐算法和规则，对 SKU（Stock Keeping Unit，库存量单位，也译作最小存货单位）列表进行调整，让产品和品牌有更多的机会在消费者端呈现。

在电商平台之外的广告传播中引导消费者。电商并非完全独立的购买渠道，品牌可通过电商站内和站外的广告引导消费者并影响其决策。在站外进行品牌传播和广告投放时，可以加上相应的关键词，如"上淘宝/京东搜索某某某"，对消费者的心智记忆进行预设和影响。

线上购买场的营销手段丰富，市面上也有很多图书对这个话题进行了深入的讲解，大家可以选择适合自己的图书进行阅读和参考。

延伸思考

1. 你如何理解消费者购买场和认知场的融合？

2. 你所熟知的品类或者行业，有没有在购买场中进行品牌建设获得成功的案例？

3. 你所熟知的品类和产品，要在购买场中进行品牌建设，还有什么有效的策略？

4. 对于你所熟知的品类或者行业，在购买场中促进销售和建设品牌，哪个更重要？

第18章

用户体验管理

在互联网高度发达的今天，用户（或消费者）体验的广度和深度不断被拓展，已不再局限于购买产品／服务阶段，而是逐步延展至购买前的信息咨询，购买阶段的沟通、下单、支付等各个触点。

当下，用户体验对于企业和品牌而言意味着什么？随着 5G 与物联网的应用和普及，用户体验会变得越来越重要吗？

用户体验是 口号还是品牌资产

不论是在深度依赖服务的行业，如酒店接待和汽车销售，还是在传统行业，如快消品行业，出色的用户体验都成为越来越多的品牌打造有意义的差异化、积累品牌资产的重要抓手。

从消费角度来看，除了产品功能的消费需求外，消费者对体验的过程也呈现出显著的需求。不仅如此，良好的体验还能简化消费者后续的决策流程，提升复购率。

前面曾提到，现在的消费者可以通过各类平台——如朋友圈、抖音、微博、小红书等——分享自身体验，而这些分散在数字渠道的真实体验构成了品牌的口碑。消费者在下单前，通常会在网上博览其他消费者的评价，并把口碑作为自己的决策依据。

毋庸置疑，随着 5G 与物联网的应用和普及，体验将在消费者购买决策和企业经营管理中扮演着更加重要的角色。一些大型企业甚至将用户体验视为制定长期战略或进行常规产品开发的核心要素。

然而，尽管意识到用户体验管理越来越重要，但在一些企业中，用户体验只是战略理念或口号，缺乏实际的落地措施。这些企业的管理者对于用户体验管理的细节缺乏系统认知，甚至无法回答其中的基本问题。

你是否了解消费者对自己品牌（或产品／服务）的感受？

你知不知道目前有哪些消费者对品牌（或产品／服务）有抱怨？

对容易流失的消费者，如何管理和维护？

哪些消费者对品牌（或产品／服务）有好感，如何最大化利用这个好感谋求增长？

因此，品牌不仅要意识到用户体验的重要性，更要把系统化的体验管理落到实处，持续优化并创造优质的用户体验。

构建用户体验管理闭环

那么，当今的品牌如何实现高效、系统的用户体验管理呢？总结下来主要分为3步：全面感知→敏捷响应→数据决策。

🧊 全面感知

对用户体验的全面感知，是进行有效管理的前提和基础。如今，随着用户体验的全面数字化和精细化，用户体验渗透到了品牌与消费者的每一次沟通、购买和服务中，贯穿于消费者的整个消费旅程。品牌需要对消费者的整个消费旅程了如指掌，梳理所有可能的触点，绘制用户体验地图。

在大多数人的印象中，用户体验管理主要表现为对消费者需求的整体理解以及对消费者注意力的抢夺，感知用户体验的方式主要为用户满意度调查和售后投诉处理热线。这类方式往往比较滞后，难以全面感知用户体验，更难形成有效的管理闭环。

为了更加全面科学地衡量用户体验，品牌可采用NPS（Net Promoter Score，净推荐值）指标评估用户体验（图18-1）。

与用户满意度调查相比，NPS能更有效地识别出推荐者。推荐者作为品牌的重要推广人群，能帮助品牌形成良好口碑，对业务增长起到积极的作用。"满意"是"推荐"的必要条件，但"满意"不等于"推荐"。NPS能更好地表达用户复购和推荐的意愿，预测用户带来的潜在价值。

"0~10分，您有多大意愿推荐我们的公司/产品或服务给您的亲朋好友？"

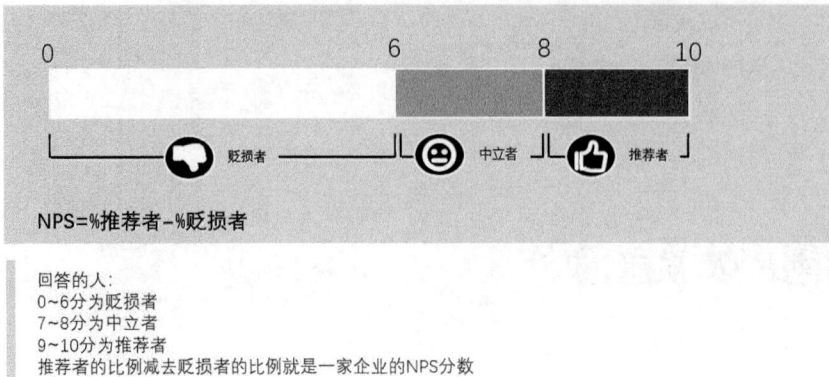

NPS=%推荐者−%贬损者

回答的人：
0~6分为贬损者
7~8分为中立者
9~10分为推荐者
推荐者的比例减去贬损者的比例就是一家企业的NPS分数

图18-1　NPS评分方法

在得出 NPS 值后，品牌可以结合覆盖关键体验环节和触点的用户调研，对用户体验形成更加具体的感知反馈。

目前，品牌可以通过数字化的表单工具和营销技术精准地推送信息，快速收集用户的体验反馈。

此外，品牌还可以通过分析数字渠道上沉淀的用户数据、CRM（Customer Relationship Management，客户关系管理）和社交聆听（social listening）技术，主动了解用户在体验细节上的反馈，从而对用户的品牌体验形成全面且清晰的感知。

敏捷响应

对用户不满意的方面、抱怨和投诉，品牌需要第一时间响应和处理。这就是用户体验管理中第二个关键步骤——敏捷响应。

数字时代，凭借算法和营销技术，品牌对用户体验的感知可以精准到与用户的每一次接触、沟通，并且能够即时获取用户的种种体验反馈。基于更加个性、简洁、快速的用户体验反馈，品牌能够更敏捷地响应，通过具体手段，尽快消除用户的负面体验。

🔷 数据决策

通过对用户体验的全面感知，品牌不仅能在用户的不满意和抱怨情绪扩大前进行快速干预和解决，还能基于用户对品牌的体验反馈数据，驱动企业内部产品研发、管理流程等组织制度的优化调整。

海尔实行的"人单合一"模式，将员工与用户深度绑定，在产品研发与设计上打造"以用户为主导"的质量管理体系，将用户的体验数据反馈给每一位利益相关者，并根据用户的体验反馈数据对产品进行设计和改进。海尔有一款滚筒洗衣机，用户评价其实用性强，但容易生锈。海尔通过对用户体验反馈数据的研究，发现导致生锈的部件是洗衣机门上的螺丝钉，生产部门随即提出了新的设计改进方案，弥补了产品的缺陷，获得了用户的认可。

早期小米在 MIUI 系统的研发上之所以能实现迅速迭代，便是基于大量用户体验的反馈数据。小米通过 MIUI 论坛、手机错误日志上报、用户反馈 App 这 3 个主要渠道获取用户体验反馈数据，然后基于数据对问题进行分类和处理，解决问题，优化产品功能。

KANO 模型——品牌的体验管理优化工具

KANO 模型是一款对用户需求进行分类和排序的实用工具，通过对用户需求与满意度的分析，找到产品性能和用户满意度之间的关系。根据不同类型的品质特性与用户满意度之间的关系，KANO 模型将产品 / 服务的品质特性分为 5 类。

基本（必备）品质。 基本（必备）品质是用户认为此产品 / 服务理所应当具备的品质。当产品 / 服务不具备此品质时，用户将会十分不满。比如，餐饮门店的环境和食材安全都是基本（必备）品质，如果环境卫生不合格或食材造假，都会让消费者十分不满。

期望（意愿）品质。 期望（意愿）品质为用户所期望具备的品质。当产品 / 服务未具备期望（意愿）品质时，用户满意度较低；当具备该品质时，用户满意度随之上升。比如，食品的新鲜和美味程度便是期望（意愿）品质，新鲜和美味的食品能有效提升消费者的满意度。

兴奋（魅力）品质。 兴奋（魅力）品质为用户意料之外的品质。当产品/服务未具备兴奋（魅力）品质时，用户并无不满；但当具备兴奋（魅力）品质时，用户满意度会大幅提升。比如，网店别出心裁的装修或餐厅的等位零食、美甲服务，都是兴奋（魅力）品质，即使没有这些，消费者也觉得无所谓，但有了之后，便是很大的加分项。

无差异品质。 无差异品质是用户不关注的品质。无论产品/服务是否具备这种品质，用户满意度均不会受影响。比如，对餐饮消费者而言，不论店内的收银系统、管理系统有多先进，他们的体验都不会受到特别大的影响。

反向（逆向）品质。 反向（逆向）品质是指用户不希望体现在产品/服务上的品质；若产品/服务体现出此品质，用户的满意度不增反降。比如，服务员对于食品的过度推销会影响甚至破坏消费者的体验，给消费者的满意度造成负面影响。

前 3 种品质根据绩效指标可分别视为基本要素、绩效要素和激励要素。后两种分别是品牌在用户体验管理过程中无须关注和应尽量避免的要素。

品牌可在用户体验数据定量分析的基础上，结合 KANO 模型进行定性分析，找出影响用户体验的 5 种品质，通过科学决策优化用户体验。

延伸思考

1. 你所在的企业是否进行了客户体验管理？

2. 你所在的企业是否拥有体系化的用户反馈和响应机制？

3. 你所在的企业使用过 NPS 或 KANO 模型对用户体验进行调研和优化吗？

4. 对于用户体验管理，你还使用过其他有效的方法或工具吗？

第19章

品牌价值评估

在"2020 年 BrandZ™ 最具价值全球品牌 100 强"排行榜中：

- 17 个中国品牌上榜，上榜品牌数量仅次于美国；

- 阿里巴巴和腾讯继续名列全球前 10，排名均较去年上升一位；

- 中国上榜品牌总价值增速全球第一，高达 16%，近乎全球品牌平均增速的 3 倍。

从 2006 年的一个品牌，到 2020 年的 17 个品牌，中国已然成为"2020 年 BrandZ™ 最具价值全球品牌 100 强"上榜品牌数量第二多的国家。

我们通过数据看到，中国品牌正在蓬勃发展，中国品牌的价值也在逐渐被全球市场认可，中国企业在发展中越来越重视品牌建设和品牌资产的积累，同时也看到了品牌价值评估的作用。

从锦上添花到投资指南

以往，对品牌价值的评估常常被企业视为锦上添花的操作，品牌资产也多是概念化的存在。而今，这个局面已经发生了根本性转变。

无形资产尤其是品牌资产，在企业资产结构中的占比正不断提升。据标普 500 数据显示，截至 2019 年，标普 500 企业的无形资产在企业整体估值中的占比，已从 10 年前的 37% 提升至 46% ~ 47%；而在无形资产之中，品牌资产已经占到了最大的份额，超过 80%，但是这部分资产往往容易被低估。

说起无形资产，人们想到的可能是知识产权、专利、资质等。如今，很多企业都通过品牌价值评估证明自身品牌资产的价值，提升企业在私募股权投资中的估值。比如，海尔作为 BrandZ™ 排行榜中唯一上榜的生态品牌，在重新梳理与评估了自身品牌资产和无形资产后，最终其私募股权投资估值上升显著。

与此同时，我们也观察到一个趋势，市场上正涌现出越来越多的"轻"企业和"快"品牌。这里的"轻"是相对于有形资产和固定资产而言的，指这些企业无形资产和品牌资产的比重更大，已成为企业的核心资产。对于这类企业，品牌价值评估尤为重要。

在资本市场中，估值相对更高的品牌（我们称其为强品牌）无论在短期收益还是中长期韧性方面，表现都相当出色。在过去的 12 年，BrandZ™ 通过数据统计和研究发现，强品牌在资本市场的表现比标普 500 企业高出 43%，是 MSCI 指数企业的 4 倍多 [MSCI 指数是投资界非常看重的 KPI（Key Performance Indicator，关键绩效指标）]。

品牌价值体现了资本市场对一家企业的预期，这一特征使其成为投资决策的指南针。一方面，品牌价值是瑞士银行、摩根士丹利等大型金融机构定期评估与审核投资组合时的衡量指标之一；另一方面，品牌价值会影响企业在资本市场的表现，特别是上市公司的股价。

品牌价值评估通过量化品牌资产价值，能帮助品牌、市场投资者及其他相关各方科学地评估品牌，从而迅速、有效地进行决策。通过品牌价值评估，营销人员还能对品牌在推动公司业务增长上的影响力和成绩进行量化评估。

品牌价值＝财务价值＋品牌贡献

"品牌资产"是一个看似空洞的词，那么它具体包括哪些内容呢？

品牌资产是企业在过往所有的营销活动中所积累的、能够影响消费者购买决策，且能推动企业长期业务增长的要素，包括且不限于品牌形象、品牌知名度、体验、有意义的差异化等。

那么品牌价值应该如何评估？在这之前，我们需要明确品牌价值评估的原则。与品牌资产的两个维度相对应，BrandZ™ 认为品牌价值评估有两大基本原则。

一是品牌属于上市企业，或其财务数据由全球性大型会计师事务所审计，并向公众发布。

二是必须以消费者（用户）数据为核心。

第一条原则很容易理解，从某种程度上说，所有的品牌价值评估方法大同小异，都是利用财务研究数据和数学公式进行计算，直接源自品牌本身，而非来自企业当前和未来收益。这种计算方法得出的结论虽然很有价值，但却不完整。当中缺少了什么？漏掉了一个关键群体——消费者——的意见，他们的意见对品牌价值来说至关重要。

这便引出了品牌价值评估的第二个基本原则，这也是 BrandZ™ 品牌价值评估方法的独到之处（图 19-1）。

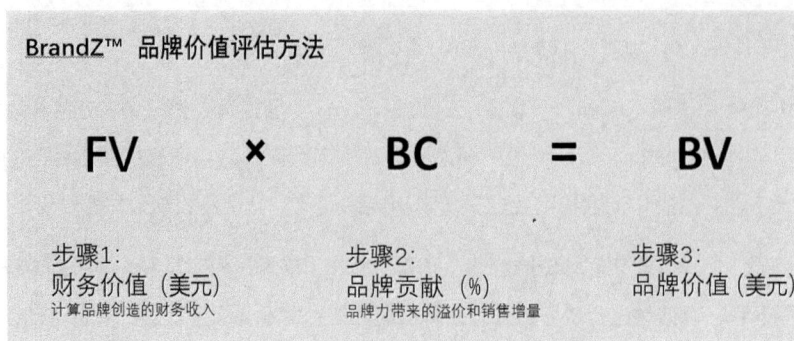

BrandZ™ 品牌价值评估方法

$$FV \quad \times \quad BC \quad = \quad BV$$

步骤1：
财务价值（美元）
计算品牌创造的财务收入

步骤2：
品牌贡献（%）
品牌力带来的溢价和销售增量

步骤3：
品牌价值（美元）

图 19-1　BrandZ™ 品牌价值评估方法

BrandZ™ 品牌价值评估方法计算并结合了两大重要因素——财务价值和品牌贡献。

财务价值。计算品牌创造的财务收入。它指的是在考虑当前及预期业绩的情况下，母公司总价值中待估值品牌贡献的价值。

品牌贡献。品牌力带来的溢价和销售增量。这一部分是直接由品牌资产驱动的财务价值占比，即消费者纯粹基于品牌感知而倾向于选择本品牌，或消费者愿意为本品牌产品支付更高价格而向公司贡献价值的能力。

品牌贡献不包含消费者因促销、特别引人注目的产品陈列而选择待估值品牌产品所做出的贡献。促成这类购买的因素并非品牌资产，因而也不在估值流程考虑范围之内。

所有企业都需要进行品牌价值评估吗

是不是每个企业都需要对自身品牌进行价值评估？

我们认为品牌价值评估是企业或者品牌发展到一定阶段的必行之举。但并不是处于任何发展

阶段的企业都需要 / 适合进行品牌价值评估。

企业是否进行品牌价值评估，需要视企业所处的发展阶段或时期而定。那么什么样的阶段或时期需要企业进行品牌价值评估呢？

第一，在 B 轮或 C 轮融资后，或在 IPO（Initial Public Offering，首次公开募股）前 2 年至 1.5 年的企业，适合做品牌价值评估。我们在前面提到，品牌价值评估能够帮助企业获得更为科学的私募股权投资估值，也能帮助拥有强品牌的企业赢得投资人的青睐。而处在 A 轮和 A 轮融资之前的初创企业，应更关注品牌建设本身，而无须刻意强调估值，因为此时品牌价值较小，尚未到与资本市场关联的时机。此外，临近 IPO 的企业也不适合做品牌价值评估，因为 IPO 前 6 个月的财报便不再对外公开，缺少公开财务数据，品牌价值评估机构无法对品牌价值进行评估。

第二，处在转型期的企业，必须对所拥有的品牌进行价值评估。这一方面能让企业重新认识自身品牌资产的构成，发现市场新机会；另一方面也能帮助企业在转型期创造更多声量，赢得资本市场及消费者的认可，支撑自身品牌转型。

第三，新品牌在进入成熟期时，企业需要对品牌进行价值评估，从而提升企业 / 集团的整体评估价值。

延伸思考

1. 你所在企业的品牌目前处于什么发展阶段？是否做过品牌价值评估？

2. 你觉得品牌价值评估对于品牌建设和增长有何帮助？

3. 你身边有通过品牌价值评估实现品牌增长的案例吗？

第 **20** 章

量化品牌投资

品牌投资回报能测量吗

营销是企业为了获得短期销售和长期品牌资产而进行的投资行为。营销涉及大量的品牌类投资，其中广告通常是营销投资中费用占比最高的一项。

企业或者品牌管理者往往都会提出这样的疑问："在品牌营销 / 品牌广告上的投资，能否快速看到回报？"

遗憾的是，时至今日，品牌类 ROI 仍然是横亘在所有营销人员面前的最难回答的问题之一。秒针系统公司每年都会对中国市场的广告主进行调研，了解他们当下在数字营销领域最关心的问题是什么，并对来年的数字营销趋势进行预判分析。而历年的调研结果中，品牌营销 ROI 和效果测量，都是广告主十分关心的问题（图 20-1）。那么为什么品牌营销 ROI 如此难以评估呢？

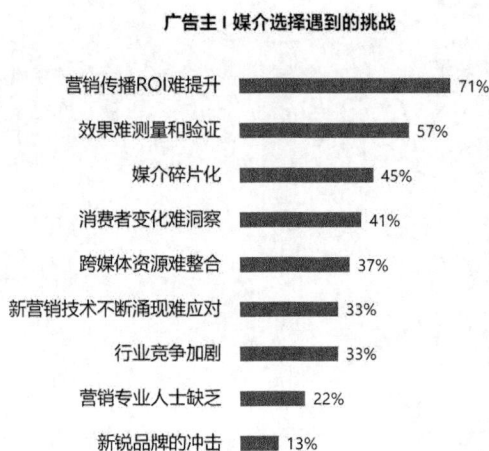

广告主 | 媒介选择遇到的挑战

挑战	占比
营销传播ROI难提升	71%
效果难测量和验证	57%
媒介碎片化	45%
消费者变化难洞察	41%
跨媒体资源难整合	37%
新营销技术不断涌现难应对	33%
行业竞争加剧	33%
营销专业人士缺乏	22%
新锐品牌的冲击	13%

图20-1　中国广告主/媒介（或媒体）选择遇到的挑战（数据来源：秒针系统《2021中国数字营销趋势报告》）

首先，品牌投资的效果反馈和测量并不是简单地对产出量与投入量的计算。它的前端（投资）和后端（产出）都包含极多变量，最终，每一层的效果都是多个因素共同作用导致的综合性结果。其次，消费者的行为本身就很复杂，消费者的购买是效果，心智改变也是效果，参与传播、产生兴趣等都可能是效果，因此我们很难直接用销量或金额来衡量品牌投资的效果。

举个简单的例子。假设某品牌计划在店内增加两名促销人员，这两名促销人员非常优秀，通过一个月的辛苦工作，共卖出价值一万元的产品。那么摆在营销人员面前的问题是，这一万元的销售额是否都是两个促销人员的产出？这是个很难回答的问题。通常来说，品牌并不会把一万元的销售额全部归为促销人员的产出。因为除了这两个促销人员之外，品牌自身的知名度、产品铺货、同期广告宣传等因素都会起作用。在研究促销人员产出问题时，应该聚焦于"增加两名促销人员"这一行动所带来的"增量"。比如，在没有两名促销人员时，店内每个月的平均销售额是 8000 元，因此增加两名促销人员给品牌带来的销售额贡献应该是增长的 2000 元，而不是一万元。

上述例子是个简化后的场景，实际营销中所涉及的变量远比这个场景复杂，我们很难把营销中的各种因素都拆解得非常细。因此我们可以看到，营销回报不是简单地把销量的产出和投入的资金进行对比计算就可以得到的。

品牌投资和效果量化需要长期坚持

目前，已经有大量企业——尤其是品牌营销投资较大的企业——开始着手对品牌营销投资的效果进行更为深入的研究，试图分析不同营销投资的产出效率。我们认为，品牌营销投资主要分为 3 类。

- 品牌投资：通常是以展示曝光为目标的广告采买、内容和创意生产、KOL 合作。

- 促销投资：品牌折扣、补贴、红包发放类活动的投入。

- 效果投资：点击类、电商类广告投入。

通过对这 3 类投资的销售效果进行分析，可以得到 3 种不同的 LTV（Life Time Value，生命周期总价值，也可以理解为消费者总价值）模型。

品牌投资：短期低效，长期高效。品牌和品牌资产一旦建立起来便会长期存在，并对销售产生长久的促进效果；品牌投资低时，效果回报的曲线上升较平缓，但当投资达到一定量级时，效果回报的曲线会显著上升，这个量级之后再持续投资，曲线的上升又将趋于平缓。

促销投资：短期高效，长期效果波动较大、低效甚至无效。 促销型广告常常是以短期内带给消费者利益为目标（如"发红包"）。由于是在价格上对消费者让步，促销投资在短期内是非常高效的，但其长期效果波动较大，如果品牌不能建立稳定的用户池，或改变消费者长期的消费习惯，一旦停止促销，就会失去那些利益驱动型的消费者。

需要警惕的是，促销对某些品牌而言会起到反作用，比如，一些本身状态较好的高端品牌，用低价作为促销手段可能降低品牌在消费者心中的价值，影响品牌形象和定位，为品牌的长期销售和长期价值带来负面影响。

效果投资：短期有效，长期低效。 效果投资以促进交易为核心，以点击类广告为主，这类广告追求的就是短期有效，并完全以产品的实际销量为考核标准。从长期来看，一旦停止投放效果广告，其促进行为就不复存在。所以企业必须意识到，纯粹的效果广告只在短期有效，长期是相对低效或无效的。

营销投资跟销量之间的关系非常复杂，以上 3 种 LTV 模型适合不同目标，所以我们在量化品牌投资回报时要坚持两个原则：一是要看到品牌营销投资与品牌长期资产建设之间的关系，不要只看短期效果；二是品牌投资需要持续进行并且长期优化，企业需要累积整体品牌不同渠道、不同类型投资的长期数据，通过对数据的分析找到投资优化的正确路径，形成正向循环，提升品牌投资的效率。

量化品牌投资，实现增长

一个企业若能持续优化品牌投资的效果，那么这项能力将会成为该企业的核心竞争力。原因是效果广告的效率提升，往往依赖于外部能力（如媒体方、供应商的能力）；而品牌投资的效率提升，考验的是企业内部的营销投资管理能力，要想做好这件事，相当不容易。快消品行业中的宝洁、玛氏等国际企业，在长期实践中已形成自身独特的品牌营销投资管理和品牌投资增长的方法论，这类企业通常会设立一个内部部门（如营销科学中心）来累积、聚合、管理营销投资的数据，继而分析、指导和优化营销体系。

通过总结成功企业的经验，我们认为要实现品牌营销投资的管理优化，有 4 件事必须要做。

🎁 坚持做量化测量

每项与品牌营销相关的投资，都必须有直接和间接的量化指标进行测量：如 GRP（Gross Rating Point，总收视点，又称总收视率）、PV（Page View，页面浏览量）、UV（Unique Visitor，独立访客）等广告投资指标，阅读量、播放量、互动量、转化率等内容投资指标，声量、转发量等营销传播指标（需建立表格，使评估者在每种类型、每种渠道的品牌投资都有相应的关键指标可以使用）。

🎁 确定品牌资产指标

以上广告和媒体层面的指标其实很少能直接与销售指标挂钩。因为品牌营销产生的效果中，最终销售只是一部分，品牌营销的效果还包括消费者习惯的养成、认知的改变、用户的增长等。企业需要把品牌营销投资的指标与自身品牌资产相关联，确定适合自身的品牌资产指标，比如品牌知名度、品牌形象、品牌自有流量池的用户数、互动数和声量等。确定使用的品牌资产关键指标，应该是品牌在未来一段时间内的努力方向。

🎁 研究品牌营销投资与品牌资产指标的关系

我们需要将品牌营销投资和品牌资产指标结合起来，进行量化对比研究，了解二者间的关系。在量化对比研究中，最简单可行的方法是以"对照法"进行"增量测量"。

比如，品牌与某 KOL 合作，这一投资行为到底对品牌知名度、形象或品牌用户数增长有没有促进作用？增长幅度是多少？回答这些问题，可设置曝光组、对照组两组样本。其中，A 组为曝光组，为 KOL 能够影响的消费者；B 组为对照组，是 KOL 不能影响的消费者。我们可以在尽可能控制其他变量的条件下，计算品牌资产指标的变化。A 组相对 B 组的增量，即这一 KOL 品牌营销投资行动所带来的增量。目前，"增量测量"是最易上手的品牌营销投资评估的方法，也是几乎所有企业都能采用的实践性极强的方法。

此外，还有一种更复杂的营销效果研究方法，叫归因分析。营销的归因分析是一个相对复杂的命题，需要运用营销科学中的专业模型工具，对营销的各种要素进行拆解，采集和整合数据，进行数学建模，最终才能进行量化分析。本书在此不详细展开介绍。

🔶 持续累计品牌数据资产

如果企业能实现对品牌营销各项投入直接和间接数据的精准记录，并与品牌资产指标相关联进行量化研究，那么这些数据便能成为企业品牌的数据资产。基于数据，企业能更好地理解自身品牌现状，明晰各种品牌营销投资渠道、投资形态和投资内容对本品牌或本企业产品的有效性。通过数据分析，企业能更快地找到提升 ROI 的方法，从而获得长期竞争优势。

延伸思考

1. 你所熟知的品牌是否有相应的品牌营销投资测量体系和具体的指标？

2. 你所熟知的品牌，在品牌营销投资中各类别的占比如何？占比高的投资类别是什么？

3. 你所熟知的品牌的品牌资产指标有哪些？

4. 你觉得品牌营销中的"品"和"效"哪个更重要？

第21章

品效合一

以前的营销受限于客户条件，只能做品牌，很难做效果，而今，品牌和效果都是企业营销的主要目标。秒针系统发布的《2021中国数字营销趋势报告》显示，对于"投放广告希望达到的目的"，分别有79%和78%的广告主选择了品牌目标（强化品牌形象和提升品牌认知）及效果目标（提升销量）。

在营销过程中，企业一方面希望增加品牌资产，另一方面也希望能带来直接的销量。特别是最近这两年，部分企业承受了巨大的经营压力，因此更加看重营销的直接效果，希望营销投入后马上能看到用户量、安装量、销量的增长。2020年春夏所爆发的"直播带货"就体现了这一趋势。

毫无疑问，所有企业都希望营销活动能够"带货"，广告存在的终极目的就是"带货"，即促进销量增长。如果一个广告不能最终实现"带货"，无论广告本身创意多好，制作多精美，获得多少点赞和转发，都不能称之为好广告。

品效作用时间的差异

但"带货"并不意味着要求消费者"立刻花钱"。即使是上门推销的时代，优秀的推销员也不会直接说："现在就买我的产品吧，因为我的产品又便宜又好。"当要推销一款咖啡时，优秀的推销员会在登门拜访时带上一包咖啡样品，告诉消费者："请您收下这包咖啡，尝一尝，过几天我还会回来，听听你喝完之后的感觉。"

这里我们需要理解一个非常重要的概念，即广告的"作用时间"，这个概念可以把广告区分为"立刻带货"和"长期带货"两种。

"立刻带货"就是广告或者营销活动让消费者立刻就扫描二维码或在网上下单。

"长期带货"是让消费者在心中认可产品，即形成记忆和好感，在未来需要时再进行购买。

当然，营销人员也可将其分别称为"品牌广告"和"效果广告"。

品效投放逻辑的差异

今天有很多企业（广告主）都期望营销能实现品效合一，即花出去的每一分钱，都能让品牌给消费者留下一个长期印象，积累品牌资产，且能够马上转化成销量收入。

然而，过去的实践表明，让消费者直接购买一个陌生的产品不如先让消费者认知这个产品，因为品牌的建立能够带来比直接推销更高的收益，这也是为什么过去一直存在品牌建设的需求，而不是直接销售。

此外，大量案例和实践证明，营销活动难以同时兼顾品与效，其背后的原因是品牌广告与效果广告在投放逻辑上存在着巨大的差异。

首先是触达范围。品牌广告通常需要广泛的触达，把品牌信息传播给更多的人，在更广泛的消费者群体中建立品牌知名度，这是品牌影响消费者决策的长期力量。而效果广告因为涉及ROI，往往只需要精准投放，让特定目标人群接收传播信息即可。所以在触达范围上，二者先天存在差别，一个更广泛，一个相对窄众。

其次是营销内容。品牌广告与消费者之间可以建立情感联系，所以在传递的内容中会加入很多情感类元素。而效果广告往往更注重内容本身，尽可能覆盖更丰富的信息，比如产品功能、成分和促销价格等。

最后是留存性差异。品牌广告的作用是在消费者心智或互联网世界建立难忘的记忆。比如，企业发布的文章、宣传片、广告片、广告语能够成为热门话题事件，沉淀为能够代表品牌的资料，最终形成留给大众的印象，这便是长期存在的品牌认知和形象。而效果广告通常为了激起消费者的即时响应，会发起限时折扣、限时拼单等营销活动，这些虽然能影响消费者的购买决策，但难以让消费者形成长期记忆，对品牌来说也难以形成长期资产的积累。

因此，营销人员不应该简单地认为品和效应当合一，"品"与"效"广告和营销活动在逻辑上、策略上都是完全不同的。此外，本书前面也曾提到，投资是有回报周期的，效果广告的投资更看重短期回报，品牌广告的投资更注重长期回报。

品效投入的长短期效果

从长周期来看，品牌建设与效果提升投入有着完全不同的反应曲线。IPA Databank 在《MEDIA IN FOCUS: Marketing Effectiveness in the Digital Era》报告中，基于长周期研究品效投入对销售的影响，得出了这样的结论：效果广告往往在短期（6个月）内能获得即时的销量响应和较高的 ROI，然而一旦广告投放结束，它的效果就会快速衰退，效果广告难以随着时间的积累持续性增长。而品牌广告的投入对销量的提升速度相较效果广告更为缓慢，并且很难直接与销量产生直接的关联，但是它强调长周期回报，同时它的衰退速度也更为缓慢，这要归功于品牌建设投入对消费者心智的影响更为持久，能在基础销量上实现长期增长。从长周期来看，品牌建设投入是提升销量的主要驱动力。

尽管品牌广告与效果广告会呈现出完全不同的趋势，但是品效合一是所有企业的长期追求。可口可乐 CEO（Chief Executive Officer，首席执行官）也曾表示，把企业的投资元素进行拆分，今天的销售增长即"效"，明天的需求增长即"品"。今天的销售增长很好理解，而明天的需求增长可以理解为消费者对产品的需求，更宏观一点，是对所在品类、品牌的需求。

品和效的整合与协同

企业如何实现品效合一的目标呢？首先需要明白：品和效并非天然合一，二者在逻辑上和销量增长曲线反应上都存在较大差异，需要从更高的维度进行协同。

要实现品（明天的需求增长）和效（今天的销售增长）的协调增长，意味着需要将媒体和营销的组合优化纳入长期指标。

如果将品效合一视为一座冰山，那么行为的变化产生的"效"（今天的销售增长）便是海面之上的部分，而整合营销中另一部分的"品"（明天的需求增长）则是海面之下的部分。

在海面之上，需要有驱动短期效果指标，比如品牌搜索量、网站流量、社交热词、消费者网站操作行为（包括电商）等。

海面之下的指标有品牌认知度、品牌考虑度、消费者满意度，以及消费者对整个品牌的需求和渴望，这些指标的提升将会驱动企业品牌资产的提升。

我们现有的测量手段，相对来说能比较容易地测量出显性部分，即效果上的变化，如广告投放后的点击量、消费者网站操作行为和转化率等。而隐性的指标常常被企业所忽视，但恰恰这些才是提升销量的主要驱动力，需要长期建设（图 21- 1）。

通过引入品牌资产对销售的影响，媒体对销售的贡献显著增加

当今媒体的总ROI
■ 直接影响带来的ROI
■ 品牌资产影响带来的ROI

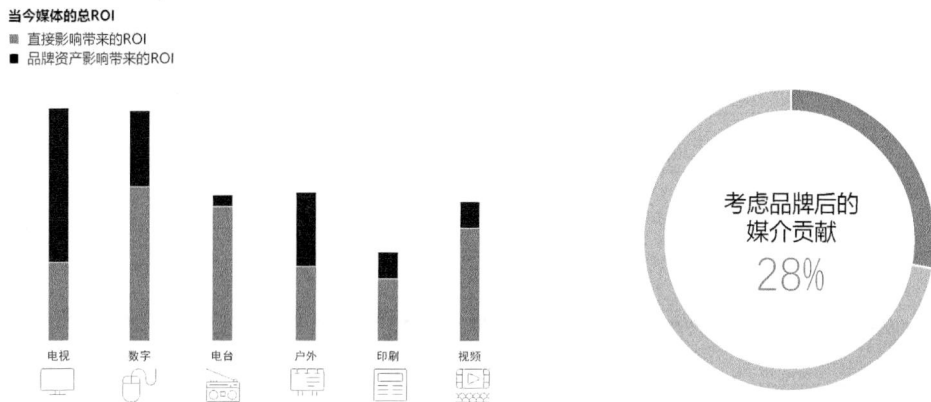

图 21-1　各类媒体的ROI（数据来源：凯度集团）

通过引入品牌资产对销售的影响，可以测量出不同媒体投资中源自品效的贡献比例。在图 21- 1中，我们可以看到电视媒体 ROI 的构成，源自品牌的贡献接近 2/3，户外媒体呈现均分状态，而数字、电台、视频等媒体形式 ROI 中显性部分（效果广告）的贡献率更高。

但是我们也要注意到，视频及数字媒体其实隐含着更多的可能性。因为这些媒体包含了丰富的内容，有能力通过生动地讲述一个品牌的故事，让消费者形成长久记忆，并且数字媒体能够形成一个持久的数字氛围。因此，尽管目前我们还不能对品牌资产相关的指标进行完整、精确的测量，但是企业在营销投资上一定要有长远的思考。

综上所述，企业需要从更高维度来实现品效协同，而不能指望通过单一形态、单一沟通，在单次广告投放或营销活动中实现品效合一。

在做品牌长期投资的时候，需要用快速的数字化手段来承接由此产生的即时需求，比如企业

在发布优质品牌故事或进行品牌宣传时，一定要做好电商搜索页、关键词搜索、二维码等，以这些路径更好地承接消费者需求，促进消费者决策，让短期效果最大化。当然，在这一过程中，规划和考虑到效果功能即可，并不需要把效果作为 KPI。

在投放效果广告时，也需要结合品牌广告的特点。因为效果广告的变化和发展，已经能够承接更多的内容，所以在投放效果广告时，首先要有一个相对稳定的品牌内核，保持品牌信息的一致性，而不能完全为了效果而传达一些与品牌内核背道而驰的信息。此外，效果广告本身需要与相应的品牌传播进行配合，比如电视、户外广告与电商广告同步投放，有助于提升整体ROI。

以互联网行业为例，通常我们认为它是典型的效果广告主，但我们发现在它的营销组合中，类似电视、户外等品牌广告投入的比例是相当大的，甚至在一些节点上超过效果广告的投入。

对于品效协同的投资分配，不同行业的不同企业不能一概而论，企业需要根据自身战略目标和行业的发展情况，找到一个相对合适的比例。

延伸思考

1. 你所熟知的品类是更注重"品"还是更注重"效"？

2. 你所熟知的品牌是否做过品效投资的分配研究？是如何做的？

3. 你所服务的品牌在"品"和"效"上的目标分布比重大概是多少？

4. 你是否了解品效协同的优秀营销案例？

第22章

强品牌的持续增长

无论是初创品牌、成熟品牌，还是顶级品牌，都面临着要么增长，要么衰退的困局。毫不夸张地说，增长是所有品牌关注的核心课题。下面我们就来看一看，那些成功突破的强品牌是如何实现持续增长的。

强品牌面临的挑战

如果我问：强品牌和中小品牌，谁拥有更多的市场机会？或者说强品牌和中小品牌，谁有更大的增长空间？

想必大多数人会回答是中小品牌，因为强品牌已是当前行业的龙头，上升空间往往不如中小品牌大。

当一个品牌发展成某一领域的龙头，通常也伴随着一些挑战。

- 增长乏力：这是强品牌遇到的最大挑战。

- 品牌老化：某些"老字号"在消费者心中的形象老化，价值感下降。

- 转型艰难：组织庞大，创新和数字化变革／转型实施艰难。

- 传承受阻：某些品牌可能面临管理层代际更替所导致的企业传承问题，如企业文化断层、两代领导层的经营理念冲突等。

与此同时，纵观品牌发展的历史，如果说工业时代的通用、宝洁等品牌是由小到大的崛起，那么数字时代的品牌发展，将会呈现出由大到小的趋势，即品牌将变得更加精品化。

联合利华（中国）有限公司（简称联合利华）CEO 乔安路曾表示，未来联合利华品牌的发展将以 10 个关键品牌为重心，同时内部不断孵化创新品牌，外部持续投资创新品牌（如完美日记），构建自身精品化的品牌矩阵。目前很多强品牌也在采取相似的策略。在这一趋势下，更多中小品牌将迎来更多的发展机会和广阔的市场前景。

强品牌能持续保持增长吗？

答案是非常肯定的。

我们通过观察强品牌的发展数据发现，尽管增长空间有限，但的确有相当多的强品牌始终保持增长，并在 2020 年展现出远超其他品牌的风险抵御能力。

推动强品牌持续增长的 5 个要素

那么，强品牌如何构建"护城河"、巩固优势，从而持续增长呢？

BrandZ™ 通过对强品牌的长期观测研究，总结出来 5 个促进品牌持续增长的，也是强品牌保持发展活力必须具备的要素，包括品牌理想、品牌创新感、品牌沟通、品牌体验和品牌热爱。

品牌理想

首先，品牌要实现持续增长，离不开一个既清晰又理性的品牌理想。品牌理想不仅是一句口号，还是一个可具体实施的目标。我们在前面的章节中提到，品牌理想是解释企业为什么存在的基础，也是品牌建设的第一步。然而我们发现，某些企业经常把品牌理想和品牌愿景相混淆，比如，"成为全世界技术品牌 100 强"或"成为技术龙头品牌"这是企业愿景，不是面向消费者、面向公众的品牌理想。

凯度在宝洁前 CMO 吉姆·斯登格的定义基础上，对品牌理想的概念进行了完善和延伸："品牌理想是一种对企业自己将如何通过某种途径让世界变得更好的差异化的、品牌相关的、合乎道义的清晰论述。"

比如，最近火爆网络的钟薛高的品牌理想是"环保和与消费者深度联结"，围绕这个品牌理想，钟薛高在产品设计上采用无味秸秆复合材料制作雪糕棒签，通过看得见、摸得着的产品细节向消费者传递环保理念。此外，钟薛高每根棒签上都会刻上非常贴心的文案，既有如"只给挑剔的舌头""世界和我爱着你""撒过野也走过心"这类与消费者建立情感联结的文案，也有"既见君子，云胡不喜"这类文化内涵类文案。通过有故事、有温度、有态度、有立场的棒签，钟薛高向消费者清晰地传达了"环保和与消费者深度联结"的品牌理想，并被消费者感知和喜爱。

2020年3月，欧莱雅（中国）有限公司（简称欧莱雅）正式启动了下一个10年新战略——"HUGE美好计划"，提出"美好消费"（good consumption）理念，倡导健康、环保、理性、可持续的消费观。在践行可持续发展的过程中，欧莱雅旗下的14个品牌一年内便交付了超过1000万个可回收、可降解的绿色包裹，实现"全面零碳"，也赢得了消费者更多的青睐，实现了业务增长。

钟薛高和欧莱雅的案例都证明品牌理想要清晰、可执行，最重要的是能"让消费者感知"。强品牌通常可以获得更多的资源，因此必须要肩负更大的社会责任，通过践行自身的品牌理想去影响并引领其他品牌乃至整个行业。

品牌理想也并非一成不变，需要根据社会变化和当前理想适时调整。通常来讲，品牌理想不需要很快迭代，但需要品牌每两三年对自身的品牌理想进行评估，将自身品牌理想与国家理想进行印证与结合，让自身品牌与时代、社会、国家发展同频共振。

🔲 品牌创新感

首先必须认清的是，创新感和创新是两回事儿。很多企业，尤其是技术型企业，拥有很多创新技术，但这些技术并没有被消费者感知，也并没对自身品牌价值和企业财物价值起到提升作用。亚马逊创始人杰夫·贝索斯（Jeff Bezos）在与BrandZ™的访谈中提到："亚马逊的后院里有成千上万的创新技术，但是如果消费者对它们没有感知，这些创新技术对企业、对消费者的意义就是零。"

这里强调的是"创新感"（perceived innovation），而不是创新（innovation）。创新感是指消费者能够体验或是感知到的创新，不仅仅是产品体验本身，还可以通过与品牌的沟通和品牌的宣传而感知。

在过去几年中，英特尔做的最重要的事情就是让自身技术融入普通消费者的生活，打篮球时可以感受到英特尔的云技术，听演唱会时可以感受到英特尔的VR技术。对消费者而言，英特尔的技术和创新不再是冷冰冰的远离生活的概念，而是能够真正可以体验到的科技，这就是创新技术能够被感知的案例。

🎁 品牌沟通

尽管品牌沟通的方式和手段日新月异，但是品牌沟通在品牌建设方面的重要性一直以来都是非常高且有意义的。

BrandZ™ 的数据显示，当一个品牌定位非常清晰，且具备有意义的差异化，同时还有较强的沟通力时，其价值增速是普通品牌的 3 倍。此外，如果品牌只是有很强的沟通力，但是沟通并没有围绕品牌的自身定位和价值观而展开的话，它的价值增速只是普通品牌的 20%，在 10 年之后，品牌价值也几乎没有增长。相反，如果品牌定位非常清晰，即使沟通声量不大，10 年之后它的品牌价值增长率也能达到 70%。

换句话说，品牌沟通不仅仅是声量大小的问题，品牌自身定位是否清晰、沟通是否围绕品牌定位开展更为重要。

Beats 在品牌沟通上做得十分出色，Beats 全球 CMO 在与 BrandZ™ 的访谈中提到："Beats 的品牌沟通策略便是在消费者心中，将 Beats 打造为全球最现代、最潮流的耳机品牌。"这一策略与 Beats 自身高科技潮流降噪耳机的品牌定位高度契合。在沟通实践方面，为更好地触达和影响品牌消费主群体——年轻人和说唱摇滚爱好者，Beats 在全球范围内同步选用大量当红明星、KOL、KOC 帮助品牌与消费者进行持续沟通。尽管 Beats 在产品创新上并不是所有耳机品牌中最强的，但是它在消费者心智中成功地体现了创新感，这与其清晰、有针对性的品牌沟通密切相关。这也为 Beats 带来了更高的品牌溢价。

那么除了要围绕自身品牌定位展开清晰且有针对性的沟通外，品牌的沟通还需要注意什么呢？

保持沟通的顶级地位。尽管我们前面提到品牌沟通的效果不仅取决于声量，但是行业或品类的龙头品牌仍需在沟通声量、质量、内容创意等方面保持高水准。

触达更广泛的受众。品牌的消费群体越广泛，要实现持续增长，在沟通和触达上也要越倾向于大众传播，而非精准传播，品牌需要在大众心智中构建自身口碑和品牌影响力。

创新与跨界同样重要。品牌与消费者沟通的互动形式需要持续创新，使沟通更顺畅和高效，同时也能传递品牌的创新感；品牌还可以利用自身资源进行跨界合作，不断打破圈层壁垒，扩大自身影响力。

📦 品牌体验

BrandZ™ 研究数据显示，能为消费者提供优质体验的品牌，在过去 10 年间，其品牌价值的增速是普通品牌的 430%；而体验不好或者体验低于消费者预期的品牌，其品牌价值的增速低于普通品牌，降幅为 17%。

如果你已经经营了一个强品牌，想要在品牌体验环节更进一步，该如何做得更好呢？

一方面要进行全面的体验梳理和体验管理，查漏补缺，并持续延展，实现对消费者体验的全面覆盖和提升。品牌越强，消费者对品牌体验的要求就越高。品牌不仅需要做好体验中的峰值，更要补全体验中的短板和缺憾。

另一方面要定期审视品牌体验，对品牌体验进行翻新。随着技术的发展和消费者购买习惯的变化，品牌体验中难免有老化部分，无法达到消费者预期，这便需要对老化的品牌体验进行翻新。

Prada 在品牌体验翻新这一点上做得非常成功。前些年，Prada 在产品设计上一直未有突破，线上布局也做得乏善可陈，在消费者心中的品牌形象逐渐老化。为了推动业务增长，近几年 Prada 的代言人选择不断年轻化，并在全球 14 个旗舰店创新产品和零售模式，比如，在上海推行全新创意零售模式，通过一系列限时店和沉浸式零售空间向消费者阐述品牌创意理念，提升品牌传播力和消费体验。2020 年，Prada 积极提升线上触点体验，在关键市场推出电子商务业务，改善网站体验，通过社交媒体和线上渠道加强与各主要市场消费者的情感联结。在体验翻新后，随着消费者向线上迁移，Prada 集团电商渠道收入增幅超过 200%。集团 2020 年 10 月和 12 月的整体销售全面复苏，恢复至上一年的同期水平。

📦 品牌热爱

严格来说，"热爱"并不能推动品牌增长，它是一个结果。品牌如果将品牌理想、品牌创新感、品牌沟通、品牌体验做好，消费者对品牌形成的热爱自然能成为推动品牌增长的品牌活力。

为什么品牌需要创造热爱？热爱不仅能让消费者选择品牌，还能让消费者持续选择品牌，不断为品牌带来价值，助推品牌价值增长。此外，热爱还能充当品牌发展的缓冲器，因为无论怎样，品牌总有发展速度放缓的时候，而来自消费者的对品牌的热爱是一个缓冲器，能为下一个创新产品创造时间窗口。

科技类品牌更擅长做技术创新和打造优秀的用户体验，但对于品牌热爱这些方面则需要加强，那应该怎么做呢？最根本的是品牌理想，品牌理想应清晰可执行，再通过创新感、体验、沟通落实品牌理想，从而创造热爱，不断驱动自身品牌发展。

品牌理想、品牌创新感、品牌沟通、品牌体验、品牌热爱能够形成一个闭环，不断驱动品牌发展，并向下一个发展阶段迈进，实现持续增长。

延伸思考

1. 你所熟知的品类 / 行业中有实现持续增长的品牌吗？

2. 承接上一题，该品牌持续增长路径中，体现了本章介绍的几项品牌活力？

3. B2B(Business-to-Business，企业对企业)品牌、金融类品牌能创造品牌热爱吗？

第23章

品牌出海

近年来，不但中国制造的产品品质越来越受到全球的认可，中国品牌在社交电商、O2O、工业互联网等领域也开始引领全球创新。中国品牌的蓬勃发展不仅得益于跨境电商和全球化趋势，也离不开众多中国企业出海的努力。

海外消费者，特别是越来越多的年轻人开始认识到中国产品的价值。在 BrandZ™ 与谷歌联合发布的《2021 中国全球化品牌 50 强》报告中，7 个关键海外市场的调研数据显示，有 20% 的年轻人（18 岁至 34 岁）认识中国全球化品牌 50 强中的品牌，而这一比例在 2018 年仅为 16%。2019 年中国全球化品牌 50 强获得 15% 的品牌力增长，2020 年的特殊环境下，再次创造出 8% 的增长佳绩。

随着中国市场进入成熟期，越来越多的中国品牌启动品牌出海战略。那么数字时代的中国品牌应该如何出海？从全球化品牌 50 强的发展历程中我们能学习到什么经验呢？

全球化品牌的三大类型

探讨品牌如何出海之前，我们首先要了解正在迈向全球的中国品牌的类型。根据品牌出海进程中面临的不同挑战，我们把中国全球化品牌归纳为 3 种类型：成熟品牌、成长品牌和新兴品牌。

🎁 成熟品牌

中国品牌全球化始于 2000 年左右，这些品牌主要聚集在家电行业，海尔、海信、TCL、格力等是第一批出海的中国品牌。为什么将其定义为全球化的成熟品牌呢？一是这些品牌出海时间较长，近 20 年的时间积累了大量的成熟经验，在海外市场已有一定占有率。比如，海尔在欧美市场占有率最高的地区能达到 8% ~ 10%，低的也有 3% ~ 5%。

此类成熟品牌，目前在海外市场的主要打法是争取更大的市场份额，即通过占领市场站稳脚跟，助力打造品牌基建。

此外，海尔还抓住了亚马逊无法进入俄罗斯市场的特定优势，在俄罗斯市场布局自主电商，持续开拓渠道，以多种方法拓宽与消费者的触点、提升消费者体验。海信在美国已经覆盖了沃尔玛、百思买等各类渠道，其市场份额达到 10% ~ 15%，实现这一点是非常不容易的。

现在已经有很多成熟品牌采用相同打法，即通过整合打造线下渠道、线上渠道、自建渠道，将中国市场在 O2O 和电商领域摸索出的成功模式，在海外市场进行复制，从而抢占市场份额。但是，即使是这些相对成熟的中国品牌，在海外消费者心中的品牌认知也与其市场份额并不匹配。相比于 8% ~ 10% 的市场占有率，中国品牌在海外市场的品牌认知也只在 10% ~ 20%。整体而言，成熟的出海品牌，在品牌建设上仍有很大的成长空间。

🧊 成长品牌

与成熟品牌相比，成长品牌迈向全球市场的时间没有那么长，但成长品牌在海外市场的发展速度非常快，也取得了一定成就。比如，印度市场的前 5 名智能手机品牌，除三星外，其余都是中国品牌。

出海的成长品牌集中在移动游戏、电子商务、线上快时尚等品类，其中比较有代表性的品牌有华为、小米、阿里巴巴、SHEIN、网易游戏、游族等。

成长品牌一直致力于在品牌建设上进行持续投入，其中最主要的做法是通过效果类营销活动扩大全球用户群。比如，游戏类品牌因为行业属性，必须在短时间内不断打造爆品，所以往往会同时进入数十个市场，并通过大量效果类营销活动获得海外用户。

时尚类垂直电商品牌的出海则另有方式，比如 SHEIN、ZAFUL 的出海策略更加谨慎，通常会预先对当地市场和消费者做深入调研，做到充分了解，并先通过某一品类产品进行渗透，再逐渐扩张到其他品类。

不管采用哪种打法，依靠效果类营销很难实现持续增长，品牌成功出海，必须在短期效果和长期品牌建设上进行双重投入。华为在英国市场的经验非常有参考价值，其在英国投放了大量品牌广告（如宣传片、户外广告等），不光提升了华为手机的市场占有率，也扩大了其品牌认知度，甚至伴随着智能手机渗透率的提升，华为在英国 B2B 的业务发展也被带动起来。

🎁 新兴品牌

与成长品牌和成熟品牌相比，新兴品牌的出海时间更短，尽管如此，新兴品牌很多时候却在诞生时就已设定了全球化的目标，品牌定位为"Born Global"，即生而全球，且生而为全球。

这类新兴品牌主要集中在科技领域，如大疆、安克、Ninebot、科沃斯等，这也说明在智能硬件、机器人等科技领域，中国品牌正在引领全球趋势。

新兴品牌出海时，通常会在某个子品类中非常精准地对标竞品，切入当地市场。基本上除了大疆和安克，很多新兴品牌在海外细分市场中都有明确的对标竞品。

新兴品牌虽然具备技术创新优势，也拥有全球化思维，但因为出海时间较短，还需要在出海过程中逐步建立和强化自身品牌，提升海外市场的品牌认知和形象，从而更好地实现全球性增长。

6条经验助力中国品牌出海

《全球化品牌》一书中指出，95%的全球化品牌的第一步都是在本土市场成为第一名，只有成为本土市场的第一名才有机会赢得更大的全球市场。这一点在工业时代非常重要。

而在数字时代，这一观点已经不再适用于所有情况。互联网为海外销售创造了前所未有的便利。品牌现在不仅可以直接接触到数量庞大的全球消费者，数字技术还为它们打破了其他入市壁垒，使之能轻松地了解当地法律、法规与习俗。

在这样的背景下，所有中国品牌都需要具备全球化的品牌战略吗？答案是肯定的。企业要想实现持续增长，全球化是必经之路。

部署全球化战略需要选好最适合品牌自身的时机和道路。中国品牌如何更好地出海，实现全球化目标？有什么经验可以借鉴？本书会给出以下6条可行性经验。

🟦 以品牌建设思维为战略

许多品牌认为只要自己的产品在亚马逊、沃尔玛上了架就等于出海了，其实这完全是两个概念，占据海外渠道仅是让产品"可购买到"，而只有占据海外消费者的心智，在海外市场建立品牌影响力才是真正的出海。这也是海尔、海信等成熟品牌花了 20 年时间获得的经验。

中国品牌出海必须在当地市场积极开展品牌建设，与当地的消费者建立密切连接，把自身品牌的理想和观点传播出去。只有品牌在当地消费者的心智和体验中都占据一定份额时，品牌构建才算成功，企业在这个市场才能持续增长。

🟦 基于目标市场，开展消费者洞察

品牌出海前，必须对目标市场及其所在品类的目标消费者进行深入、细致的洞察，加深对核心目标人群的理解。目前，相当一部分中国品牌在出海时，对消费者的洞察和理解是较为粗浅的。受文化习俗影响，不同市场的消费者在消费心理、购买习惯上往往存在巨大差异，在中国适销对路的产品和营销策略在海外目标市场不一定适用。

手机品牌一加在纽约、伦敦、巴黎和班加罗尔的门店启动仪式有几百人排队等候参与。为什么一加出海能获得如此关注？主要归功于一加对欧美市场中极客群体的深入洞察，一加通过对消费者持续的聆听，对他们的手机使用习惯、功能需求、意见和建议等都了如指掌，最终获得了消费者的认可。

🟦 对标目标市场巨头

中国品牌出海不可故步自封，只盯着自己在国内的老竞争对手是远远不够的，还要深刻分析当地市场的竞争格局，对标目标市场的本土巨头或全球巨头。因为它们既然在目标市场已经获得成功，必然积累了品牌建设的成功经验，是值得出海品牌学习与借鉴的。

全球范围内，迪士尼、亚马逊、苹果、百威、英博等品牌，在各地和全球市场的品牌建设、业务增长经验极其丰富，是优秀的学习对标对象。

🔶 合作共赢

在品牌进入目标市场之初，市场占有率和品牌知名度都很低的时候，通过与当地巨头和全球巨头联合营销、跨界营销，借助其他品牌或平台的知名度，可以实现与当地消费者的深入沟通，提升自身品牌的知名度和销量。恰当的合作最终达到的效果往往都是"1+1>2"。中国出海品牌需要跳出单打独斗的固有思维，抛开在国内的优势"光环"，在目标市场打造有利于自身发展的友好生态。

🔶 本地化人才和团队构建

在品牌出海过程中，中国品牌的 CEO 以及管理团队要具备更开放的思维，除了前面提到的合作共赢，还需要在目标市场建立专业的本地化人才团队。本地化人才在对当地市场的了解、消费者洞察以及归属感上都更具优势，能更好地帮助企业建立符合当地生态的品牌，加速品牌建设进程。

此外，以往品牌全球化的经验也显示了构建本地化人才团队的重要性。以前，日韩企业在探索全球化的过程中，在人才构建上采取外派形式，这不利于整体海外业务的降本增效和长效发展。而海尔在这一点上做得很好，它在美国市场注重培养本地人才和建立本地化团队，收获了不错的效果。

🔶 敢为人先，勇当第一

我们前面提到，中国品牌在社交电商、O2O、工业互联网、消费科技等领域已经开始引领全球。这类具备优势的品牌在出海时，一定要有"敢为人先，勇当第一"的精神。

当具备一定的市场优势后，出海品牌就要抓住时机大步迈进，抢占领先地位。反映在品牌沟通上，品牌在目标市场要及时加大营销投入，紧锣密鼓地宣传，用尽量短的时间成为当地市场某品类的领先者，这样才能获得早期品牌红利，大大有益于今后的品牌建设。

安客在这一点上做得可圈可点，它在全球多个市场都是电源适配器品类的第一名，这样的业绩背后除了它的产品和技术优势，其"敢为人先，勇当第一"的策略也起到关键作用。

在数字时代的今天，中国品牌出海已经在全球范围内取得了令人瞩目的成就。然而，无论处于哪个阶段的中国品牌，要想真正成长为具有全球影响力的强品牌，都必须拥有广阔的视野、清晰的品牌战略以及持续创新的能力。

经典案例——TikTok，火遍世界的中国 App

抖音无疑是近些年最受欢迎，也是最为人瞩目的品牌，这一由今日头条 App 孵化而来的短视频社交 App 于 2016 年 9 月上线，经过短短 5 年的高速发展，每日活跃用户已经突破 6 亿。然而，抖音并没有止步于中国市场的成功，而是迅速开启全球化的征途，其海外版 TikTok 曾多次登上美国、印度、德国、法国、日本和俄罗斯 App Store 或 Google Play 总榜的首位。在"2020 年 BrandZ™ 最具价值全球品牌 100 强"排行榜中，抖音（国外品牌为 TikTok）首次上榜，以 169 亿美元的品牌价值排在第 79 名。

虽然 2020 年由于种种原因，TikTok 在海外的发展遭遇一些障碍，但不可否认，从商业层面来看，TikTok 已经是最成功的中国出海品牌之一。

那么 TikTok 能在海外市场迅速获得成功的原因是什么呢？除了本身在中国市场成熟的产品功能以外，其海外的落地策略也值得我们借鉴。

第一，作为互联网软件品牌，遵守当地法律、保障用户信息安全是必需的前提。TikTok 在海外市场的具体措施包括：把数据存于第三方服务器；聘请当地内容运营人员，组建安全技术团队（字节跳动在中国、美国和其他市场聘用的内容审核人员超过 1.3 万人，其中印度团队的规模达 1000 人，全职内容审核团队可覆盖 14 种语言）；内容审核上有机器学习工具结合审核人员；产品层面按用户年龄细分人群，对内容加以限制。

第二，主动出击，收购竞争对手，并采取统一品牌产品策略。比如，收购 Musical.ly，借助其名气和声望替 TikTok 进行宣传，同时防止其回到国内争夺市场。统一全球平台更便于管理，同时对广告商来说更友好。

第三，产品国际化，内容本地化。复用产品系统，可显著降低成本；推行本土化运营，保障平台内容质量；共享全球热点内容，确保潮流效果；推广抖音热点内容，实现文化输出。

第四，多平台共享。TikTok 内置了丰富的素材，用户可以轻松地创作内容并分享给其他人，不仅增加了视频转发量，还提高了产品认知度。

第五，盈利模式融入当地商业因素，包括投放活动主题广告、品牌宣传融入视频内容。比如，连锁餐饮品牌 Chipotle 发起的 #GuacDance 标签挑战活动，在 6 天内共收到了 25 万条视频，观看次数超过 4.3 亿次，单日最高销量 80 万份。

延伸思考

1. 你所在的企业是否有全球化战略的部署？

2. 全球化能给你所在的行业和企业带来哪些利益？

3. 你认为品牌出海战略适合所有行业和品类的企业吗？

4. 你认为品牌全球化 / 出海在未来会是趋势吗？

第 **24** 章

用户数据资产管理

随着数字化的持续发展，数据的价值正不断向深层次演化，数据已然成为与土地、劳动力、资本、技术并列的五大生产要素之一。对企业而言，数据是最重要的资产之一。

这一章，我们将探讨如何管理企业数据资产中的用户数据资产。

用户数据资产的价值

在过去，营销的主要目标是推动消费者的购买行为，营销 KPI 也多与销量相关。在今天，这一目标仍未改变，但是数字化的发展让营销 KPI 变得更为多元，更为前置，也更为长远。在销量的基础上，衍生出了用户维度的指标，如用户数量、消费者总价值（LTV）等。企业资产的评估也更偏向以用户数量和 LTV 作为衡量指标。这背后反映出数字时代的企业商业模式的转变，互联网品牌在这一点上表现得最为显著。

那么 LTV 背后的逻辑是什么呢？很明显，是用户数据资产管理。LTV 并不是一个新概念。互联网企业，尤其是移动互联网品牌，从一开始便大量使用LTV，也就是用户资产管理这一商业逻辑。这些品牌的价值也是通过拥有的用户数量去衡量的，而不完全以用户的购买金额为准。这背后体现了数字时代企业整体经营思维的转变，即品牌通过长期维系用户，从而获取用户的"全生命周期"价值。这便是用户资产及其管理变得越来越重要的原因所在。

利用数字化技术，每一个品牌都有机会拥有所谓用户数据资产。目前各行业和类型的企业都有新的指导模式。

互联网品牌通常通过内容或服务等形式获取用户，引导用户安装 App，将其变成自己的用户，并鼓励其持续使用 App。这是移动互联网品牌基于 App 提供服务的基本流程。像 Netflix 这样的互联网内容媒体，它们的估值以订阅用户数、订阅用户数的 LTV（如订阅价格等）为衡量标准。

B2B 品牌本质上也是服务型企业，它们获取用户的手段通常是通过注册系统、留资引流、内容矩阵等方式将潜在客户变为服务客户，并将服务长期植入整个产品和业务流程。

传统的食品、饮料、快消品零售企业也开始利用 App、小程序等平台获取用户（消费者）并管理用户数据资产，通过运营手段让用户在平台上产生持久的消费行为。星巴克、喜茶、必胜客等便是典型的例子。

管好用户数据资产

如今，用户数据资产管理已成为数字时代营销中的一个重要特色。早期用户数据资产管理根植于 CRM 数据库，这个数据库中通常包含如下信息：姓名、年龄、性别、地址、电话、购买产品的时间、数量、产品等。这些数据在当时很有价值，但是远不如今天数字时代的用户数据资产的价值大。

那么数字时代的用户数据资产主要包括什么呢？其主要分为两大类型：可分析的用户数据以及可触达的用户数据。

可分析的用户数据主要包括用户的基本数据，比如年龄、性别等用于人群画像的信息，通过这些数据，品牌能对用户进行分析，更好地了解用户。

可触达的用户数据通常包括用户的联系方式，如手机号、电子邮箱等，这些来自平台和媒体的用户数据，能帮助品牌和用户进行双向沟通。

我们认为，用户数据资产的价值主要体现在 3 个方面。

分析洞察的价值。以前品牌常常不知道谁会购买自己的产品 / 服务。但有了用户数据，品牌便能分析出谁是真正的消费者，以及他们购买的原因和时间等，这些数据会对营销决策、营销行为分析提供支持。这便是用户数据资产的分析价值。分析用户数据资产其实是很多品牌——如车企——都已经在做的事情。

绑定用户的价值。用户很难对品牌产生情感上的排他性忠诚，然而，用户可能因为便利性而习惯于使用某一品牌的产品 / 服务。在数字时代，通过用户数据资产，品牌能与用户建立深度的数字化绑定，即使用技术手段——如会员精准投放、算法推荐等——精准地定位用户，然后与其再次沟通，提升用户复购的价值，或者增加其购买频次等。这也是数字化营销的重要手段。

可激发的社群传播价值。用户数据资产的背后还有衍生的社群价值，因为从用户数据资产中可以识别出拥有共同爱好、共同认知、共同来源的社群，从而对品牌产生增长价值。

用户数据资产的应用

了解了用户数据资产的价值之后，品牌应该如何运用用户数据资产呢？围绕着用户数据资产的三大价值，用户数据资产的应用也可以分为 3 个级别。

第一个级别是洞察用户。品牌需要通过自己的官网、服务体系，如电商、物流等，实现用户数据的采集、存储和分析。今天，很多企业都已经拥有了数字化的用户分析方法和技术，几乎所有大中型企业都具备对用户数据分析的系统和能力，能不断加深对用户的理解。

第二个级别是建立联系。品牌在了解用户的基础上，还需要运用重定向、触点优化等技术手段对用户进行持续的触达和服务，继而培养用户持久使用自家产品 / 服务的习惯。这个也与我们之前讲到的生态品牌是密切相关的。生态品牌强调的不是卖产品，而是为用户解决某一类问题，让用户愿意持续地与品牌建立联系，相应地，品牌可以围绕生态收获用户的 LTV。

第三个级别是找到品牌的拥护者 /KOC，驱动用户成为品牌的代言人。要实现这一点，可用的手段有很多，比如优惠券、折扣券、积分、奖励，这样在长时间绑定用户的同时可获取更多用户。

这里有一个生活中的例子。我是常德人，居住在北京，最近受老乡邀请加入了一个很有意思的常德同乡群，这个群里除了聊天，还会售卖家乡的土特产。这个微信群即通过用户的共同特征——家乡在常德——完成共同语言和共同内容的社群构建。以前想在电商或超市买地道的常德腌牛肉这类土特产是非常困难的，同时常德土特产品牌和商户在北京也很难精准地找到消费者，更别说扩大消费者群体了。但有了这类微信群，拥有这些用户数据资产的品牌，便能精准地触达用户。而用户作为一个在北京的常德人，也很愿意向身边人推荐这些美食，这就是让用户去做代言人，获得更多销量。

延伸思考

1. 你设想中的用户与真实的用户一致吗？

2. 用户数据资产中哪些是可以复用的？品牌是否有能力将现有的用户数据资产拓展应用到其他方面，推动业务快速成长？

3. 品牌除了在销售环节之外，还有没有跟用户进行持续的沟通和触达，这些触达是否有效？

4. 不同的品牌，要如何基于用户数据资产分析实现复购的增长？

第 25 章

品牌增长营销技术

今天，品牌的发展离不开技术的支持。很多市场中领先的企业都重新将自己定义为技术公司，而不仅仅是一个消费品公司。这是因为技术能力已成为企业长期资产的重要组成部分。

在本章中，我们将列举一些实现品牌增长必备的核心营销技术，包括洞察技术、全域测量技术、营销归因优化技术、广告投放优化技术、内容生产与管理技术、用户管理与营销自动化技术、自有数据整合决策平台，共七大类。

洞察技术

以往的洞察，主要依赖研究分析人员的知识和经验，对数据信息进行分析挖掘，最终得出有用的结论。而洞察技术的引入，解决了两个问题：降本提效、扩大应用。

技术使洞察分析的过程变得更加智能、快速、准确和标准化，即能提升洞察的效率并降低成本。

技术能把洞察的结果放入营销流程，获得执行和应用，比如，把数据分析结果应用在广告投放、用户体验等工作中，这就提升了洞察工作在营销中的实用性。

🔷 敏捷调研与洞察的中台技术

传统的洞察主要依赖市场调研中采集的数据进行分析，最常用的定量调研方法耗时长、成本高、报告产出慢。如今，各调研公司、咨询公司都在借数字时代的技术优势，积极探索更高效的在线调研和洞察分析手段，敏捷调研和洞察的技术与产品应运而生。

比如，凯度的敏捷调研与洞察的中台产品，在中国市场已经可以实现最快 6 小时的执行流程，这意味着，在广告创意测试的案例中，原有流程可能需要 2 周甚至更多的时间，现在可以仅用一天的时间沟通需求、准备素材、确定样本要求，再用一天的时间进行媒体环境模拟等准备工作，第三天使用平台发放调研需求，6 小时即可完成项目上线、样本采集、数据处理、自动生成结果报告的全流程。这在从前几乎是不敢想象的。

🔹 语义机器人技术

除了定量调研，洞察工作还会使用非常多的针对消费者的定性深访。以前的深访，无论是访问本身，还是信息整理 / 结果分析，几乎完全依靠研究员来完成。而随着 AI 技术的发展，这些工作现在都可以通过语义机器人来实现了。

凯度 Chatbot，昵称"凯小度"，就是一款可以帮助研究员做定性和深访分析，具备跨语言互动能力的聊天机器人。在 AI 技术的驱动下，经过训练的凯小度能根据问题大纲，与被访者进行专业、有深度的对话互动（图 25-1）。

图 25-1　正在聊天的凯小度

凯小度现在已经能够执行单次 300 到 500 个被访者的大规模定性研究，能够在数字化平台上快速输出包括被访者原话、关键词云、态度分析在内的丰富结果，特别适用于品牌跟踪项目，以及品牌形象的挖掘与更新（图 25- 2）。

图25-2　凯小度数字化平台输出示例（数据来源：凯度集团）

行为大数据的分析与挖掘技术

数字时代的一个显著特征，就是在消费者的设备端有海量消费者行为数据，如果把这些数据与传统的企业数据（如用户数据、销售数据、调研数据等）进行结合，利用 ID 打通、数据标签、lookalike 算法等技术，便可以发挥更大作用，让品牌实现对消费者的全面洞察。

我们来看一个具体业务场景的示例：某保险公司的 CRM 数据库中拥有 100 万条用户数据，但由于其自身不具备数据挖掘能力，因此无法利用数据为业务决策提供支持。

凯度 Insights 提出一种细分并激活用户的方法，该方法通过连接 CRM 数据库，最大限度地利用数据。使用这样的方法处理后的数据，不但可以根据目标用户的态度和需求来制订合适的沟通策略，还能为保险代理人员开发出针对不同目标用户的销售工具包和培训材料，让他们在销售过程中使用。具体的操作步骤如下。

第一步，基于 CRM 数据库中的部分用户需求、态度做调查和定性研究，制订细分方案。

第二步，把细分工具应用于 CRM 数据库中的其他用户，将他们划分为不同的类型。

第三步，开发 lookalike 算法，给 CRM 数据库中的每个用户分配唯一的细分 ID。

洞察数据营销应用技术

洞察工作的一大难点，就是除分析报告外，还要把洞察结论和数据应用于实际的营销工作。以往消费者洞察和广告投放往往是相对脱节的，洞察仅能在理论和方向上指导广告投放。现在凭借更有效的技术手段，洞察的消费者数量和数据变得更多，可以与媒体平台数据打通。当洞察数据与 DMP（Data Management Platform，数据管理平台）结合后即可实现更精准的广告投放，进行更高效的消费者运营。

某品牌在中国市场进行大规模的消费者调研，调研数据主要是关于品类消费行为和动机的，但在没有充分了解目标人群的数字行为时，无法确认采取何种营销和广告的行动。

为此，凯度 Insights 首先把目标消费者数据与媒体平台数据打通（经消费者授权），调研数据辅以数字行为数据，能全方位地了解每个消费者。接着，针对各个目标人群，凯度 Insights 提供恰当的传播内容和精准的数字媒体渠道，最后在大数据平台上通过 DMP 实现精准营销（图 25- 3）。

图 25-3　凯度 Insights 洞察数据营销应用技术案例（数据来源：凯度集团）

🧊 神经营销

神经营销是用于各类营销研究与活动中的神经科学的理论和方法，可以更加准确地测量消费者的真实观念和感受，从而让品牌获得更优质的消费者洞察，以便采取进一步的策略来提高营销的有效性。神经营销不仅包括常见的神经科学研究技术，也包括利用成熟的神经科学理论来指导测量和结果解读。神经营销与传统营销研究方法协同使用，便能帮助营销人员进行更为实用的洞察。

常见的神经科学测量手段可以通过消费者的眼动、脑电、皮电、心电、表情与肌电测量结果来获得洞察。不管是媒体场景测试、网页和 App 测试，还是游戏测试和影视剧测试，都可以通过神经科学测量手段获得客观的数据。

🧊 知识图谱

目前，学术界对"知识图谱"这个概念尚未形成统一的定义。目前的理解是，知识图谱是一种用图形来描述知识以及世间万物关系的方法。在知识图谱中，人、事、物通常被称为实体或本体。知识图谱的组成三要素包括实体、关系和属性。

知识图谱最早应用于搜索引擎。它一方面通过推理实现概念检索；另一方面以图形化方式向用户展示经过分类整理的结构化知识，从而使人们从人工过滤网页寻找答案的模式中解脱出来。知识图谱可应用到智能问答、自然语言理解、推荐等方面。

随着自然语言处理、网络以及 AI 技术的不断发展，知识图谱能让 AI 变得更智慧。

全域测量技术

测量是管理和优化用户数据资产的前提。今天，营销投资的各个方面都可以通过技术手段进行精准的测量，包括数字广告监测、自有媒体监测和舆情监测等。

数字广告监测

数字广告监测是指通过在广告所在媒体的页面嵌入监测代码来收集数据，主要用来监控数字广告投放完成率、投放效果，以及分析投放表现。通过专业的数字广告监测服务供应商——如秒针系统公司——对数字广告进行检测，可以保障品牌（通常是广告主）的投放权益。数字广告监测技术不仅可以进行流量统计、触达分析、目标人群分析，还可以实现流量反作弊、广告可见性、品牌安全的监测。

流量反作弊指通过算法规则和技术手段，对服务器刷代码、爬虫爬代码、广告位添加多条代码刷量、手机墙刷量、模拟器刷量等广告流量造假行为进行识别，帮助品牌确保真实流量和广告效果。市场上有专业的第三方公司提供此类服务，它们的大量数据累积规则以及机器学习等技术能力是保障广告测量效果的关键。

广告可见性（viewability）指用户屏幕上产生的可见曝光次数，是用来衡量一个广告是否被用户真实看到的指标。早在 2014 年 9 月，美国 MRC（Media Rating Council，媒体评级委员会）与 IAB（Interactive Advertising Bureau，互动广告局）联合发布了广告可见性衡量标准。中国国内的广告可见性标准也都参考借鉴了 IAB 和 MRC 联合发布的标准。

自有媒体监测

自有媒体监测是指在品牌的自有网站 /App 的各种页面和关键位置添加代码（俗称"埋点"），以此监测和统计消费者在网站上的行为与路径。自有媒体监测技术可以帮助品牌深度了解消费者的站内行为，对优化官网内容、提升消费者体验，增加消费者留存和转化都很有意义。

自有媒体监测与广告监测数据的打通，可以帮助品牌提升从广告到官网的导流效果，也是提升广告投放效率、验证广告 ROI 的重要技术手段。

🔷 舆情监测/社交媒体倾听

社交媒体倾听通过采集全网的社交媒体数据和信息，分析消费者的观点，从中发现趋势，是目前使用最为广泛的市场及消费者洞察方法。其背后是全网舆情监测的营销技术，比如通过爬虫、API 等方式，对全网的媒体内容进行监测，获取舆情数据。

社交媒体倾听的流程为数据清洗、语义分析、人工校正、数据挖掘、报告输出。这一过程主要涉及的技术能力包括可覆盖的媒体范围、可抓取获得的数据范围、高级语义分析、虚假流量判定，以及在线系统功能和可用性保障。

营销归因优化技术

归因是指追踪每类广告的曝光对目标效果的贡献比例，合理优化营销投资，以及基于监测数据和归因模型进行的量化评估行为。简而言之，还原消费者从看到广告到下单的转化漏斗，就是归因。

互联网的可寻址性，奠定了广告归因实现的基础。自移动互联网诞生以来，营销人员一直期盼着通过追踪广告曝光、搜索、购买等交互行为数据，匹配并串联消费者在多个平台上的行为，解决困扰他们已久的效果评估及投资优化难题。

目前，受限于归因的投入成本、时间效率、数据采集难度等条件，市场上典型的归因实践方法主要有 3 种：AB Test（AB 测试）、MTA（Multiple Touchpoint Attribution，多触点归因）及 MMM（Marketing Mix Model，营销组合模型）。

🔷 AB 测试

AB 测试指用两组或以上随机分配的、数量相似的样本，通过控制关键变量进行实验组和对照组的对比，如果二者在目标指标的差异上具有统计显著性，即可验证关于关键变量的实验假设。

AB 测试的用途非常广泛，小到测试广告按钮用红色还是用黑色，大到评估朋友圈广告对微信日活量的影响，主要用于体验优化、转换率优化和广告效果归因。

在真实的媒体环境中，媒体通过技术手段可以识别目标人群中看过广告（曝光组）和没看过广告（非曝光组）的群体。由于曝光组与非曝光组来自相同的网站，具有类似的人群特征（目标人群属性一致），他们对于品牌感知的差异和转化差异归因于他们是否看过相应的广告。

具体到应用场景，通过 AB 测试，品牌可以基于不同的广告创意、投放平台、曝光频次、目标人群、城市级别和用户属性等来比较不同广告的有效性，为优化找到方向。另外，媒体方也可以采用 AB 测试测量不同广告形式、频道的价值差异。

🔷 多触点归因

IAB 对多触点归因的定义：识别一组以某种方式有助于实现预期结果的用户操作（事件），然后为这些事件中的每一个事件赋予贡献值。

多触点归因的解决步骤主要有 3 步：通过广告监测（加码）追踪与采集尽量多的广告触点和行为数据；通过技术手段匹配数据，将同一个人在不同平台的 Cookie、ID、设备等匹配起来；选择合适的模型进行分析。

归因过程中，必须深刻理解广告实际转化路径（消费者行为旅程）的特征，针对不同营销场景和渠道组合营销策略，应用适合的归因模型。一个有效的归因模型能够清晰地告诉我们哪些渠道转化效果最好。

在多种归因模型中，首次点击归因和最终点击归因由于便于测量与使用，相关监测工具和手段比较成熟，应用较为广泛。

营销组合模型

在某些情况下，品牌并不知道广告投放和效果之间的关系，或难以采集广告触点的数据（如线下投放）。广告如何影响用户，对于品牌而言完全是"黑箱"，品牌只能接受输入（广告投入）和输出（销售额）的结果。好在，现在可以基于经济统计学中的时间序列的营销组合模型实现广告归因。营销组合模型的基本逻辑如下：

一段时间内的总销量 = 基础销量（不做广告也会产生的销量，即自然销量）+ 增量销量（因广告带来的销量）

其中，基础销量受长期因子影响，如品牌价值、铺货基础、价格以及原有市场份额等，增量销量则由广告投放、促销等短期因子驱动。

基于这个基础逻辑，MMM 使用测量数据、数据时间序列转型和多元回归，打开了营销投资输入与销量输出的"黑箱"：将销量根据投资、时间、价格等因素分解为基本与动态销量，并分解出不同营销要素对于总销量的贡献，继而结合各类广告的投入成本，评估其营销效率（也就是 ROI）。

归因的模型选择和挑战

上述 3 种归因各有优劣势，营销人员在实际工作中应根据实际情况取舍使用。同时，由于营销是个复杂的生态，在无法获取全部节点、所有触点数据的情况下，归因也就难谈公平，很容易出现部分节点贡献被夸大或低估的问题。

比如，非数字化的线下媒体因为无法回传曝光或点击数据，相比线上媒体就明显处于劣势。同时投放线上和线下广告，基于点击数据评估媒体转化贡献时，线上媒体就无法避免地占了线下媒体的便宜。

通常而言，效果广告会采用点击归因，即多触点归因中的最终点击归因模型评估效果。该模型仅看"临门一脚"的贡献，虽然简单直接，但因抹杀其他触点的铺垫贡献而为人诟病。为证明自己的广告效果，获得品牌更多的预算倾斜，部分媒体会制定自己的广告归因逻辑、规则及工具，以论证自身对转化的价值。

比如，Facebook 和谷歌均采用了曝光归因（view- through attribution）技术。对于展示及视频广告，如果一定时间内没产生点击，我们就按照广告最后一次的展示来归因转化。

浏览归因虽然能衡量展示广告的价值，但由于品牌不能采集全部触点数据，因此数据回传更全的媒体就会占数据回传不全媒体的便宜。Facebook 和谷歌等大媒体因回传的归因数据更全，归因表现更佳，所以会获得更多投放，强者愈强。

总结一下，目前占归因便宜的场景及类型主要有如下 4 种。

占数据可回传的便宜。上文列举的线上媒体因可回传数据，会占线下媒体的便宜。

占媒体流量大的便宜。部分媒体巨头凭借更高的打开频率，即便用户在其他触点看广告后产生购买需求，但因打开它的频率高，距离转化更近，所以会有一定的占便宜概率。

效果广告占品牌广告周期长的便宜。这一问题伴随效果广告的崛起而愈发显著，效果广告因离转化更近，会占此前发挥长期铺垫作用的品牌广告的便宜。今天，归因最大的挑战之一，就是长效的品牌投资无法更快、更敏捷地测量，而长效投资与短期测量本来就是相互矛盾的。

媒体作弊占自然流量大的广告主的便宜。如果媒体作弊，发送虚假归因链接，自然流量与销量大的广告主因自身转化量大，容易被媒体占便宜。

广告投放优化技术

数字化广告投放目前已经成为一个由数据驱动的高度自动化的工作。整体来说，数字化广告投放主要依托于供应方平台、数据管理平台、需求方平台和交易平台等。

🧊 供应方平台

供应方平台面向网站主、网站代理，专注于广告位优化、展示有效性优化、展示竞价优化。该平台以服务为驱动。

🧊 数据管理平台

数据管理平台面向广告交易中的各方，专注于数据管理、数据分析、数据调用。该平台以技术为驱动，为广告投放提供关键的 ID 匹配、人群画像和目标人群匹配等服务。

🧊 需求方平台

需求方平台面向广告主、广告代理，专注于定向技术、自动优化、动态出价及创意优化。该平台以服务为驱动。广告主可以在需求方平台上设定出价方式、人群定向条件、创意、预算、出价等需求，由需求方平台的算法来判断是否购买某个流量；需求方平台也会回馈数据报表，供广告主查看，以进行投放优化。

🔹 交易平台

交易平台借用了金融业中"交易专柜"的概念，是广告代理商进行数字化广告投放的工具，功能类似于需求方平台。交易平台提供了整合多个需求方平台的技术解决方案，广告主可以在交易平台上统一管理多个需求方平台的投放，包括分配投放预算、制定和调整投放策略、查看数据报告等。

内容生产与管理技术

今天的内容创意已经有大量的技术可以采用，比如，用程序化创意方法解决创意的规模化生产问题，然后用推荐算法将合适的内容推送给恰当的人。创意生产能力也会成为品牌的一项核心能力。

🔹 程序化创意

程序化创意（或程序化创意平台）是一种由数据和算法驱动，通过对广告创意内容进行智能制作和创意优化，整合互联网创意产业上下游的技术。通过预先设定的算法和流程，程序化创意平台可以快速产出"成千上万"个细分版本的广告群组，并在投放过程中智能决策、优化创意组合。

🔹 推荐算法

推荐算法是指通过已知的用户行为，加上精心构建的计算机算法，推测出用户可能喜欢的内容。

目前的推荐算法主要包括基于内容推荐、协同过滤推荐、基于规则推荐、基于效用推荐和基于知识推荐，每种算法都有其各自的优点和缺点。在实际应用中，组合推荐（hybrid recommendation）经常被采用，研究与应用最多的是内容推荐和协同过滤推荐的组合。

用户管理与营销自动化技术

今天的很多品牌都在制定直面消费者的战略。也就是说，品牌不仅要与渠道打交道，还要直接与消费者沟通，记录消费者信息，管理与消费者的互动。在这种情况下，CRM、基于社交平台的 CRM，以及客户体验管理平台就必不可少。

📦 CRM 与 SCRM

传统的 CRM 是指利用企业信息技术和互联网技术协调企业与客户（这里通常是指用户或消费者）在销售、营销和服务上的交互。其中的重点是收集和管理静态的消费者资料，如订单信息、联系记录和消费者属性信息。CRM 是企业主导的内向型平台，注重的是如何管理客户，而非着眼于与客户建立强关系。

SCRM（Social Customer Relationship Management，社交化 CRM）是传统 CRM 的延伸，更强调消费者的参与和双边互动。消费者不再只是单纯的购买者，而更多是以品牌的关注者、聆听者、建议者、共同创造者的身份存在。SCRM 让消费者更有归属感、趣味感和成就感。互动的双边关系也让消费者的需求与想法同品牌的定位和发展紧密结合，让品牌和消费者真正融为一体。

📦 用户体验管理

用户（或客户）体验管理是近些年兴起的一种崭新的用户管理方法和技术。根据《客户体验管理》一书中的定义，用户体验管理是"战略性地管理用户对产品或公司全面体验的过程"。

用户体验管理以提高用户整体体验为出发点，注重与用户的每一次接触，通过协调整合售前、售中和售后等各个阶段，各种用户接触点或接触渠道有目的、无缝隙地为用户传递目标信息，创造匹配品牌承诺的正面感觉，以实现良性互动，创造差异化的用户体验，强化感知价值，从而增加企业收入与资产价值。

🔷 私域流量运营和管理

私域流量是指从公域（internet）、他域（平台、媒体渠道、合作伙伴等）引流到私域（官网、客户名单），以及私域本身产生的流量（访客）。私域流量是可以进行多次链接、触达的消费者数据。私域流量和域名、商标、商誉一样，属于企业的数字化资产。

秒针系统《2021 中国数字营销趋势报告》显示，现阶段广告主私域运营的首要目标是消费者洞察和沉淀数据资产，主要的运营平台是以微信为代表的社交媒体内容平台（如微博、抖音、小红书等）。

私域流量运营和管理中所应用的营销技术比较复杂，包括洞察技术、全域测量、内容生产管理和广告投放优化技术等。

自有数据整合决策平台

🔷 用户数据平台

用户数据平台通常由企业营销部门管理，它可以将来自营销、销售和客服等渠道的用户数据整合到统一的视图，以实现用户建模和优化用户体验。

🎲 BI

BI（Business Intelligence，商业智能，又称商业智慧或商务智能）指用现代数据仓库技术、线上分析处理技术、数据挖掘和数据展现技术进行数据分析以实现商业价值。

商业智能通常被理解为一种将企业中现有的数据转化为知识，帮助企业做出明智的业务经营决策的工具。这里所谈的数据包括来自企业业务系统的订单、库存、交易账目、客户和供应商等来自企业所处行业和竞争对手的数据，以及来自企业所处的其他外部环境中的各种数据。而商业智能能够辅助业务经营决策，既可以是操作层面的决策，也可以是战术甚至战略层面的决策。

可以认为，商业智能是对商业信息的搜集、管理和分析过程，目的是使企业的各级决策者获得知识或洞察力（insight），促使他们做出对企业更有利的决策。

🎲 AI

AI（Artificial Intelligence，人工智能）是计算机科学的一个分支，它企图了解智能的实质，并生产出一种能以与人类智能相似的方式做出反应的智能机器。AI 技术从诞生以来，理论和技术日益成熟，应用领域也不断扩大。其中，在营销上的研究包括自然语言处理、知识表现、智能搜索、推理、规划、机器学习、知识获取、组合调度问题、感知问题、模式识别、逻辑程序设计、软计算、不精确和不确定的管理、人工生命、神经网络、复杂系统以及遗传算法等。

延伸思考

1. 今天，你的品牌竞争者在营销技术与数据上的优势是什么？

2. 你的品牌必须掌握的营销技术有哪些？

3. 哪些营销技术能够成为品牌的长期资产？